小林カツ代の
伝説のレシピ

小林カツ代
本田明子

「うまい!」
は時代を
超える

家の光協会

おいしい料理が一番大事。

師匠の小林カツ代が、料理で大事にしていることはなにかと尋ねられて、いつも言っていたのがこの言葉。じつにシンプルで明快ではありませんか。

どんな会話の流れかすっかり忘れてしまいましたが、私と話をしているとき、「おいしい料理をつくるのにね、愛情はいらないよ」。そう言ってクスクス笑いながら、いたずらな顔で私の顔をのぞき込んだことを思い出します。

私が弟子入りをした1983年ころ、時代はバブルで飽食が問題になっていて、その反動なのか「手作り、愛情、おふくろの味」といった言葉があふれていました。表面だけの心地よさに流されそうになる空気感を嫌うかのような、何気ないひとこと。

えっ？　その言葉だけを拾ってしまうと、カツ代さんのイメージとはかけ離れているかもしれません。でもね、愛情が不要ということではなく、おいしく作る技術や短時間でパパッと作る知識を、愛情よりも優先したいということなんです。

「料理は絶対に失敗しちゃいけない」も口ぐせ。カツ代さんの料理哲学の根底にあったものは、すべての命を粗末にしないこと。私たちは、肉、魚、卵、野菜と生きものをいただいて生かされている、その食材は〝命〟。失敗したら、その命と育ててくれた人に申し訳が立たない。作り手でだめにしてはいけないという思いが強い人でした。

失敗は、その家庭の大切な食材や食費も無駄にしてしまいます。自分のレシピで料理を作った人が損をしないように、どうしたら無理なく日々の食事作りを続けられるか、合理性も考えていました。

通院していた耳鼻科の帰り、おなかをすかせた子どもたちを思い、焼きとり屋さんで焼きとりを買い、丼にしたり、とんカツを買ってカツ丼にした話は以前テレビで紹介されましたね。

生活とは現実。理想とは違うことも多々。いま置かれた状況で、おいしく食べる方法は山ほどあります。時間があってもごはん作りがしんどいな、というときもある。友達とおしゃべりしたり、映画を観たり、子どもたちと話をしたり、そんな自分の時間も大切なことです。

人には生活があって、料理はたくさんの営みの中の点にすぎません。いま作れるものを作ればいい。たかが料理、されど料理。その点の積み重ねが人生を作るのだとしたら、料理という1点勝負で、楽しく自分と向き合う。カツ代さんの料理人生はそんなだったと思うのです。

この本にはパパッと10分で作れるおかずもあれば、時間がかかるけど、食べたらおいしくて一生忘れないハンバーグとか、たくさんのレシピと知恵がギュギュッと詰まっています。いま作れるもの、作りたいもの、パラパラとページをめくってごはんの参考にしてください。

本田明子

小林カツ代さんは2014年に逝去されました。発信したレシピは1万点を超えていました。本書は、その中から、カツ代さんの一番弟子の本田明子さんが、ずっと愛されているもの、時代を超えて受け継ぎたい味、毎日食べても飽きない味を選りすぐり、現在でも作りやすいレシピに見直して紹介しています。

「おいしい料理をつくるのにね、愛情はいらないよ」

台所道具は長く使えるものだけ。
ほうろうの鍋も貫禄の域。

目次

「うまい!」は時代を超える 小林カツ代の伝説のレシピ

第3章

サブおかず

家にある食材をその日の気分で。
野菜不足も解消できます。

第4章

ご飯・めん・汁物・スープ

サクッとワンプレートから、
満足度の高いボリューム汁物まで。

この本の使い方

●材料は4人分を基本にしています。
●小さじ1＝5ml、大さじ1＝15ml、1カップ＝200ml、1合＝180mlです。
●野菜は特に記載のない場合は、洗う、皮をむくなどの下ごしらえをしてからの手順を説明しています。
●だし汁は表記のあるもの以外は、削り節でとったものを使用していますが、だしパックやだしの素など、ふだん使っているものを使ってください。

第1章

1万点を超える中から厳選、カツ代レシピの代表作ばかり。

リピートおかず ベスト10

人気投票でいつも上位に入る、和・洋・中の定番おかず。
何度食べても食べ飽きない、そしてまた食べたくなる、リピートおかずを紹介します。

10分肉じゃが

カツ代の永久定番、早くてうまい肉じゃが。
牛肉を甘辛味にコテッと煮て、
じゃがいもの表面だけに味をしみ込ませます。
この煮方で、おいもさんがグンと
おいしくなります。

材料（4人分）

牛薄切り肉（または切り落とし肉）………………200g
じゃがいも（男爵）…………4～5個（600～700g）
玉ねぎ……………………………………1個
サラダ油（または牛脂）…………………大さじ1
A ┌ 砂糖 ……………………………大さじ1
　│ みりん …………………………大さじ1
　└ しょうゆ ……………………大さじ2と1/2
水………………………………1と1/2カップ

作り方

1. 玉ねぎは縦半分に切って、縦1cm幅に切る。じゃがいもは大きめの一口大に切る。牛肉は5～6cm長さに切る。
2. 鍋にサラダ油を入れて熱し、玉ねぎを強めの中火で炒める。全体がアツアツになったら、玉ねぎを寄せて中央をあけ、肉を置く。肉めがけてA（砂糖・みりん・しょうゆの順）の調味料を加える（写真1）。肉をほぐしながら味をからめる（写真2）。
3. 肉がおいしそうな色になったらじゃがいもを加えて分量の水を注ぎ、表面を平らにする（写真3）。
4. 強めの火加減で10分煮る。途中、5～6分たったところで一度上下を返すように混ぜる。もう一度、表面をざっくり平らにして煮る。じゃがいもに竹串を刺して、スーッと通り、やわらかくなったらふたをして火を止め、2～3分蒸らす。

カツ代ロジック

肉じゃがのいもは断然、男爵がうまい。皮をむいたら丸ごと水につけます。一口大に切ってからはつけません。ホクッと煮上げるために、でんぷん質の抜けすぎを防ぐためです。すぐに調理するときは、水につけなくてもOK。鍋に入れるのは肉にしっかり味がついてから。このときの肉のおいしそうな色合いが重要。仕上がりの良し悪しは、ここで決まります。

1 肉をめがけてAの調味料を砂糖から加える。火をいったん止めて入れると、焦がす失敗がない。

2 肉にしっかりと味をつけるのが大事。

3 じゃがいもを平らにならし、味のしみ込みと火の通りが均一になるようにする。

肉のうまみが
じゃがいも全体を
こっくり覆います

から揚げ2種

大人も子どもも大好きなから揚げ。
カラリと揚げる秘訣を教えます。
ふうわり揚げは揚げる直前に
衣をからめてふうわりと。

鶏のから揚げ

材料（4人分）

鶏もも肉……………………2枚(500〜600g)

A
- しょうゆ……………………大さじ1と1/2
- 酒………………………………小さじ1/2
- にんにく(すりおろす)…………………少々
- しょうが汁……………………小さじ1/2
- ごま油…………………………小さじ1/2

かたくり粉…………………………1/3カップ
揚げ油……………………………………適量

作り方

1. 鶏肉は黄色い脂を除き、大きめの一口大に切ってボウルに入れる。Aを加え、手でもみ込むようによく混ぜる。さらにかたくり粉を加えて全体に混ぜる。
2. 1の鶏肉を手でぎゅっと握って衣を落ち着かせ、皮を広げる（写真1）。揚げ油を170℃に熱し、皮側を下にして入れる。すぐいじらず､油の温度を保ちながら､衣が落ち着き、皮がこんがり揚がってきたら裏返す。
3. 中まで火が通り、全体がこんがりとしてカリッとしたら、油をよくきって引き上げる。

● 好みで、カレー粉、粗びき黒こしょう、粉ざんしょうなどを添えても楽しい。

1 皮を広げて揚げ油に入れると、皮がカリッとおいしく揚がる。

カツ代ロジック

中温（170℃）の揚げ油に入れたら衣が落ち着くまで2〜3分、じっといじらずに待つこと、これ鉄則。こんがり揚がってきたら裏返して。そのあと、それぞれの肉を菜箸で持ち上げ、なるべく空気に触れさせることでカリッと仕上げます。

鶏のふうわり揚げ

材料（4人分）

鶏もも肉……………………2枚(500〜600g)

A
- 塩………………………………小さじ1/2
- しょうゆ……………………………小さじ2
- 酒……………………………………小さじ2
- しょうが汁…………………………小さじ1

かたくり粉…………………………1/2カップ
卵……………………………………………1個
揚げ油……………………………………適量

作り方

1. 鶏肉は黄色い脂を除き、大きめの一口大に切ってボウルに入れる。Aを加えて、手でもみ込むようによく混ぜる。さらにかたくり粉を加えて全体に混ぜる。
2. 揚げる直前に、1に卵を割り落としてよくからめる。
3. 揚げ油を170℃に熱し、2の鶏肉を入れる。すぐいじらず、油の温度を保ちながら、衣がぷっくりふくらみ、カリッとしてきたら裏返す。
4. 中まで火が通り、衣の全体がこんがりとしたきつね色になってカリッとしたら、油をよくきって引き上げる。

まわりはカリッ、
中はジューシー
鶏のから揚げ
鶏のふうわり揚げ
卵で
ボリュームアップ

ぶり大根

ぶりのうまみを大根にしみ込ませた
冬の定番おかず。本来はぶりのカマを
使いますが、手軽に作れる切り身で。
味は本格派です。

材料（4人分）

ぶりの切り身 ………………… 4切れ(350～400g)
大根 ………………………… 1/2本(600～700g)

煮汁

- 酒 ……………………………… 1/2カップ
- しょうゆ ……………………… 大さじ3
- みりん ………………………… 大さじ2
- 砂糖 …………………………… 大さじ1

水 ………………………………… 1と1/2カップ
しょうが(針しょうが※にする) …………… 1かけ分

※針しょうがは、しょうがの皮をむき、繊維に沿って薄切りにして、それをせん切りにしたもの。

作り方

1. 大根は1.5cm厚さの半月切りにする。ぶりはペーパータオルで水けをふき(写真❶)、1切れを2～3つに切る。
2. 鍋に大根とかぶるぐらいの水を入れ、ふたをして火にかける。スッと竹串が通るまで下ゆでして（写真❷)、ざるに上げる。
3. 鍋に煮汁の材料を入れて強めの中火にかけ、フツフツとしてきたらぶりを入れて5分煮る。
4. ぶりを脇に寄せて、大根を並べる（写真❸)。分量の水を注いで落としぶた（写真❹)、さらにふたをして、強火で10分ほど煮る。
5. 煮汁ごと器に盛り、針しょうがをのせる。

カツ代ロジック

大根を下ゆでするとすっきりとあか抜けした味に仕上がります。先にぶりを強めの中火で煮て、そのうまみの出た汁を水で薄めて大根を煮ると、バランスのいい味加減になります。

❶ ぶりはペーパータオルで水けをふき取る。

❷ 竹串が通るまでゆでておくと、味がすぐしみる。

❸ 大きめの鍋でぶりを煮て、脇に寄せてから大根を入れる。

❹ 落としぶたをすることで、煮汁が全体にまんべんなく回る。

先に
ぶりをコテッと
煮ます

ハンバーグ

おいしさの決め手は、おいしそうな焼き色。
恐れずに強めの火加減で焼きましょう。
ふっくらジューシーに仕上げるコツも満載。

材料（4人分）

牛ひき肉（または合いびき肉）…… 400g
玉ねぎ…… 1/2 個
塩 …… 小さじ 1/2
こしょう…… 適量
A
- 溶き卵 …… 1 個分
- 牛乳（または水）…… 1/4カップ
- パン粉 …… 1 カップ

湯 …… 1と1/2 カップ
サラダ油 …… 適量

ソース

- 水 …… 1/2 カップ
- 酒（または赤ワイン）…… 大さじ2
- トマトケチャップ …… 大さじ2
- ウスターソース …… 大さじ 1
- しょうゆ …… 小さじ 1/2
- バター …… 小さじ 1

つけ合わせ

ゆでたブロッコリー、にんじん、じゃがいもなど
…… 適量

1 ここで、ぱさっとしたパン粉を、しっとりしたパン粉にする。これも、けっこう大事なポイント。

2 肉に塩を加えて混ぜるのは、肉のうまみを引き出すため。しっかり下味をつけてから、残りの材料を混ぜる。

3 目安の時間は両面とも強めの中火で1～2分。おいしそうな焼き目をつけること。

カツ代ロジック

中までしっかり火を通し、ふっくらとやわらかく仕上げるために、ハンバーグは蒸し焼きに。両面に焼き色がついたら、フライパンに湯を注ぎ入れます。このとき、水を注ぐとフライパンの中の温度を下げ、味を落としてしまいます。さらに油や水がはねて、やけどの危険も。

作り方

1. 玉ねぎはみじん切りにする。サラダ油少々で炒めて冷ましておく。
2. Aの溶き卵、牛乳、パン粉を混ぜ、パン粉をしっとりさせる（写真**1**）。
3. ボウルに、ひき肉、塩、こしょうを入れて混ぜ、**1**と**2**を加え、さらによく混ぜる（写真**2**）。タネを4等分し、両手でキャッチボールをして中の空気を抜き、ハンバーグ形に整える。
4. フライパンを熱してサラダ油小さじ1を入れる。ハンバーグの真ん中を少しくぼませて並べ、強めの中火にして焼く。こんがりと焼き色がついたら、返して裏側もサッと焼く（写真**3**）。
5. 両面に焼き色がついたら、湯をハンバーグの厚みの半分ぐらいまで注ぎ、ふたをして、6～7分蒸し焼きにする。水分がほとんどなくなったらふたを取り、中火にして水けが完全にとぶまで焼く。
6. 空いたフライパンにソースの材料を入れて煮立て、少しトロリとしたら火を止める。皿にハンバーグを盛り、ソースをかける。好みでつけ合わせの野菜を添える。

火加減は
強めの中火で、
レッツゴー!!

青椒肉絲《チンジャオロースー》

牛肉は焦げつきにくく、
野菜は水っぽくならない、初心者でも
めったに失敗しない作り方を教えます。

材料（4人分）

ピーマン……6～8個
ゆでたけのこ……小1本(200g)
牛薄切り肉(バター焼き用)……200g

下味
- 酒……小さじ1
- かたくり粉……大さじ1

塩……小さじ1/2
にんにく(すりおろす)……少々

A
- しょうゆ……大さじ1
- オイスターソース……大さじ1
- 酒……大さじ1/2
- こしょう……少々

ごま油……適量

作り方

1. ピーマン、たけのこは、繊維に沿って細切りにする。Aの調味料は合わせておく。
2. 牛肉は5㎜幅の細切りにし、下味の酒をもみ込み、かたくり粉を混ぜる（写真1）。
3. 中華鍋をカンカンに熱くし、ごま油大さじ1をなじませる。たけのこ、ピーマンを順に入れ、すぐに塩を加えて強火で一気に炒める(写真2)。全体がアツアツになったら、すぐ皿などに取り出す。
4. 3の鍋にごま油大さじ1を足し、中火にして2の牛肉を入れ、にんにくを上にのせてしばらくいじらず、はがれるようになったら炒める。肉の表面の色が変わったら、Aの調味料を加えて手早くからめ、3の野菜を戻し（写真3）、一気に強火で炒め合わせて、火を止める。

カツ代ロジック

牛肉を入れたあと、すぐにいじると鍋底にこびりついて残念なことになるから、パカッとはがれるまでいじらないこと。ちょっとした待ちも料理の技術ですよ。野菜を一度取り出す調理法は、たっぷり作っても失敗がないから、家族が多い場合には最適。

1 下味は酒だけ。しょうゆなどの調味料が入らないので、焦げつきにくい。

2 木べら2本を使って、空気を入れるように勢いよく手早く炒める。

3 野菜を戻し入れたら、ひと混ぜする程度に炒め、すぐ器へ。

木べら二刀流

木べら2本を使って屋台の焼きそば屋風に炒めると、鍋の熱が効率よく回り、手早くできて、材料がクタッとせずに仕上げられます。私は丈夫で長持ちの竹製の木べらを使っています。大小2本ずつあると重宝しますよ。

この方法なら、
炒め物も上手に
できちゃう〜

焼き豚

そのまま食べても、刻んでチャーハンに、
ラーメンにのせればチャーシューめんに、
ご飯とたれで焼き豚丼に。煮汁で煮卵も。

材料（4人分）

豚かたまり肉（肩ロース）……………… 1本（500g）
サラダ油 ……………………………… 小さじ1/2
にんにく（またはしょうが）………………… 1かけ
長ねぎ（青い部分）……………………………… 10cm

煮汁

- 砂糖 ………………………… 大さじ1〜2
- しょうゆ ……………………………… 大さじ4
- 酒 ………………………………… 1/2カップ
- 水 …………………………………… 1カップ

カツ代ロジック

豚肉は肩ロースがおすすめ。ほどよく脂が中心部に入っているので、煮込んでもかたくなりにくく、冷めてもやわらかく、ジューシーです。タコ糸を巻かなくても作れますが、こうすることで形崩れしにくくなります。肉屋さんで巻いてもらってもいいし、最近は肉の売り場に写真のような専用のネットが置かれていたりもします。

作り方

1. タコ糸で豚肉を巻いて縛る（写真1）。
2. フライパンに油を熱し、豚肉を入れて強めの中火で焼く。しっかり焼き色がついたら、転がして別の面も焼く。同様にして、すべての面に焼き色をつける（写真2）。
3. 厚手の鍋に煮汁の材料を材料表の順に入れる。**2**、にんにく、ねぎも加えて中火にかける（写真3）。フツフツしてきたらごく弱火にしてふたをして、60分ほど煮込む。途中で一度、豚肉の上下を返す。
4. 火を止めて、冷めるまで煮汁につけておく。時々転がして味をからませ、豚肉を取り出す。タコ糸は食べるときに切る。
5. 煮汁はサラサラしていたら、少し火にかけ、トロッとさせる。これがたれになる（写真4）。

- 翌日食べるなら、かたまりのままラップで包んで冷蔵庫へ。食べるときに切る。ポリ袋に入れて冷凍保存も可能。2〜3週間はおいしく食べられる。
- 余ったたれにゆで卵をつけて煮卵に。里芋やじゃがいもを煮たりも。煮汁は冷蔵庫で1か月もつ。

1 タコ糸で縛ることで、煮たときに身がしまり、切るときも形崩れしない。

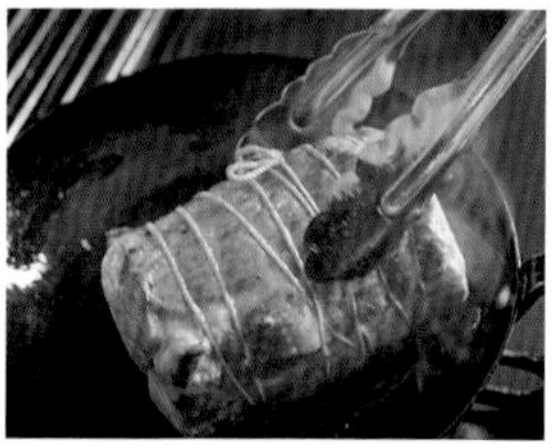

2 肉を転がすときに、トングを使うとやりやすい。

3 フツフツしてきたら弱火に。

4 残った煮汁はトロッとさせて、たれに。余ったたれも捨てずに活用して。

簡単なのに、
ごちそう風！
おもてなしにも

チキン マカロニグラタン

牛乳で作るホワイトソースは
正統派ママの味。
次の世代にも受け継いでほしいなぁ。

カツ代ロジック

ホワイトソースをダマにしないコツは、薄力粉を単独で炒めずに鶏肉など何か他の材料と一緒に炒めること。そして、牛乳が冷たいこと。牛乳は最初の2回は1/2カップずつ加え、その都度混ぜること。こうすると、そのあとに残りの牛乳やゆで汁を加えてもダマになりません。

材料（4人分）

マカロニ（またはペンネ）…………………… 150g
鶏むね肉 ………………………… 1枚（250g）
マッシュルーム（スライス、缶詰）…… 1缶（190g）

ホワイトソース

- バター ………………………… 大さじ2
- 薄力粉 ………………………… 大さじ4
- 牛乳 ……………………… 3～4カップ
- 鶏肉のゆで汁 ………………… 3/4カップ
- 塩 ………………………… 小さじ1/2弱
- こしょう ……………………………… 少々
- ローリエ ………………………… 1/2枚

パン粉 ………………………… 大さじ4
粉チーズ ……………………… 大さじ4
● 塩、バター

※ホワイトソースは自分の好みのかたさになるように、牛乳の量で調節してください。

1 ホワイトソースを作る際、炒めた鶏肉にまず薄力粉をまとわせる。

2 牛乳は最初の2回は1/2カップずつ加える。ここでていねいに混ぜること。

3 焦げやすいので、ごく弱火にして、時々鍋底から混ぜる。

作り方

1. マカロニは袋の表示通りにゆでておく。
2. 鶏肉は小さめのコロコロに切り、塩少々をふる。1カップぐらいの熱湯に入れて、色が変わるまで下ゆでする。ゆで汁をソース用に3/4カップ取っておく。
3. ホワイトソースを作る。厚手の鍋にバターを入れて中火にかけ、鶏肉を入れてアツアツになるまで炒める。ごく弱火にして薄力粉をふり入れ（写真1）、焦がさないように1～2分炒める。
4. 粉がしっとりしたら、いったん火を消し、牛乳1/2カップを入れて鍋底からていねいに混ぜる（写真2）。もう一度牛乳1/2カップを混ぜ、クリーム状になめらかになったら、残りの牛乳、鶏肉のゆで汁を加え、マッシュルームを缶汁ごと加えてよく混ぜる。
5. 弱めの中火にかけて木べらで時々鍋底をかき混ぜ、フツフツしてきたらごく弱火にして、ローリエを加えやわらかいクリーム状になるまで5～10分煮る。途中、鍋底から混ぜて焦がさないようにする（写真3）。味をみて塩、こしょうで調え、火を止める。
6. ホワイトソースにマカロニを入れてからめ、中を水でぬらした耐熱容器に流し入れる。パン粉、粉チーズを全体にまんべんなくふる。バター大さじ1ぐらいをちぎって点々とのせ、230℃のオーブンに入れて15分ほど焼く。表面がこんがりして、フツフツ、クツクツしてきたら焼き上がり。

失敗しない
ホワイトソースの
作り方、教えます

ガーッと筑前煮

昔ながらの筑前煮。いわゆるいりどりです。
先に野菜と肉を下ゆでしてから、
調味料でガ〜ッと手早く煮るのがカツ代流。

材料（4人分）

鶏もも肉……………………………1枚(250g)
干ししいたけ…………………………4〜5枚
ごぼう………………………………1本(200g)
れんこん……………………………………1節
にんじん……………………………………1本
こんにゃく…………………………………1枚
(それぞれ200〜250gが目安)
ごま油…………………………………小さじ1
A ┌しょうゆ……………………………大さじ2
A │酒……………………………………大さじ2
A └砂糖…………………………………小さじ2
しいたけのもどし汁(または水)……1と1/2カップ

カツ代ロジック

おいしさと時間、どちらも考慮すると、この作り方に落ち着きました。干ししいたけ以外の野菜をゆでるという下ごしらえで、短時間で味がしみ込みやすくなります。鶏肉も下ゆでするとよ分な脂が抜けて、冷めてもおいしい。

作り方

1. 干ししいたけは水かぬるま湯に浸してやわらかくもどし、軸を除いて4つに切る。
2. ごぼうは皮をよく洗い、一口大の乱切りにする。れんこん、にんじんは皮をむいて、ごぼうと同様に乱切りにする。こんにゃくはスプーンで一口大にこそげる。
3. 鶏肉は、厚みのあるところにスッスッと切り目を入れ、黄色い脂を除いて一口大に切る。
4. 鍋にごぼうとれんこんを入れ、水をヒタヒタに加えて火にかけ、5分ゆでる（写真1）。フツフツしてきたら、こんにゃく、にんじんを加え、再びフツフツしてきたら鶏肉を加え、肉の表面の色が変わったら、ざるに上げて水けをきる。
5. 鍋にごま油を熱し、しいたけを入れて焼きつけるように炒め、Aを加えて中火でサッと煮る。4の下ゆでした材料を加え、さらにしいたけのもどし汁または水を加え、ふたをして強めの中火でガーッと10分ぐらい煮る。
6. ふたを取って、下のほうから混ぜて汁けをとばし（写真2）、つやよく仕上がったら火を止める。

1 かたいごぼう、れんこんは水から入れて下ゆでする。

2 空気に触れさせるように下から混ぜると、水分がよくとび、つややかに仕上がる。

下ゆでしているから早く煮える

えびマヨチリ

マヨネーズが入っているのに、らしからぬ味がする……、このソースの配合が秘伝です。このソースでえびを炒めるだけ。

材料（4人分）

えび……………………………中20尾(400g)

下味

- 酒……………………………大さじ1
- かたくり粉……………………大さじ山盛り2

細ねぎ……………………………1/2束

秘伝のソース

- 長ねぎ(みじん切り)………………20cm分
- にんにく(すりおろす)………………少々
- しょうが(すりおろす)………………少々
- 豆板醤《トウバンジャン》……………………………小さじ1
- 砂糖……………………………小さじ2
- しょうゆ……………………………小さじ2
- マヨネーズ……………………大さじ山盛り2
- トマトケチャップ……………………大さじ2
- 酒……………………………大さじ1
- ごま油……………………………大さじ1
- 水……………………………1/2カップ

作り方

1. えびは殻をむき、背ワタがあれば除く。水けをふき、下味の酒をからめて、かたくり粉をまぶす。細ねぎは3～4cm長さに切る。
2. 中華鍋かフライパンに秘伝のソースの材料を材料表の順番に入れて混ぜ、強めの中火にかける。フツフツしてきたら1のえびを並べ入れる。2～3分煮たら裏返す。えびの色が変わったら、細ねぎを散らして（写真)、火を止める。大きいスプーンなどですくって器に盛りつける。

いじらないのがおいしく作るコツ。えびが重ならないように鍋に並べて火を通し、細ねぎを入れたら火を止める。盛りつけるまで混ぜたり炒めたりしないこと。

カツ代ロジック

この秘伝のソースは、辛いのが好きな人は豆板醤を多めに。豆板醤にけっこう塩けがあるので、その分しょうゆは減らして。紹興酒が家にあるなら、日本酒の代わりに使うと、本格中華になりますよ。えびの代わりにいかで作ってもおいしい。

秘伝の
ソースさえ作ったら
度肝を抜くほど簡単!

カツ代のポテサラ

ポテトサラダが大好きなカツ代の自信作。
このサラダはできたてよりも、
あえて味がなじんだころ食べると格別です。

材料（4人分）

じゃがいも……………………3個(400～500g)
にんじん……………………小1/2本(50g)
玉ねぎ……………………1/4個(50g)
きゅうり……………………1本
塩……………………小さじ1/2
ハム(薄切り)……………………50g
かたゆで卵……………………1～2個
酢……………………大さじ1

A
- マヨネーズ……………………大さじ3
- 牛乳……………………大さじ1
- 塩……………………小さじ1/6
- こしょう……………………少々

作り方

1. じゃがいもは一口大に切り、水でざっと洗って水けをきる。にんじんは、薄いいちょう切りにする。玉ねぎは繊維に沿って薄切りにする。きゅうりは薄い輪切りにし、塩をふって少ししんなりするまでおく。
2. ハムは半分に切ってから1cm幅に切る。ゆで卵は殻をむいて、フォークで粗めにつぶす。
3. ボウルにAの材料を合わせておく。
4. 1のじゃがいもとにんじんを鍋に入れて水をヒタヒタに注ぎ、ふたをして強めの中火にかける。じゃがいもに火が通ったら、残ったゆで汁をきる。再び中火にかけ、しっかり水分をとばし、アツアツのうちに酢を加えてざっと全体を混ぜる。
5. 3のボウルに4を加え、水けを絞ったきゅうり、玉ねぎ、ゆで卵、ハムを加えてあえる。

カツ代ロジック

じゃがいもは完全に水分をとばし、アツアツのゆでたてに酢をふって吸い込ませます。こうすることで味がバシッと決まり、マヨネーズを大量に使わなくてもすみます。いもが冷めてから酢や調味料を入れるとベチョベチョになってしまうので注意。きゅうりもしっかり水けを絞ること。余分な水けを出さないことが、ポテサラ作りの最大のポイントです。

酢を加えると
味がピタリと決まる

記憶に残る

カツ代の言葉

根底にあったのは、すべての命を粗末にしないこと。
おいしい料理は人を笑顔にして
次なるエネルギーを生むこと。
数々の言葉から、
カツ代さんの料理哲学が
うかがい知れます。

だれが
ごはんを作ったって
いいじゃない

時間がなければ、
10分でおいしいものを
作ればいい

自然を含めた
すべての命を大事にして
生きる

おうちごはんに
必要なのは、
なんといっても、
おいしい香りとユーモア

疲れた怖い顔で、
料理をがんばらなくていいよ。
そんな怖い愛情はいらない

料理は絶対に
失敗してはいけない。
命をいただくのだから

平和なくして
食は語れず

店屋物でも構わない。
でも、だしをとってみそ汁だけは作ってね。
香りが部屋中に漂うよ

人は地球の中で生かされている。
生きているだけで価値がある

食べることは生きること。
生きることは食べること

お母さんとか、愛情という言葉を、好んで使いませんでした。なぜなら、この世にはお母さんやお父さんの顔を知らない、覚えていない子どもたちがたくさんいるから。この世に生まれてきたら、同じようにおなかいっぱいごはんを食べて、たくさん笑って、たくさん遊んで学ぶ権利があります。生きる基本は食べることです。そんなことからも、「だれがごはんを作ったっていいじゃない」と言いきったのでしょう。

第2章

家庭料理の定番をおいしく作るコツ、教えます。

メインおかず

手ごろな食材で、手早く作れて、白いご飯が進むおかず。
失敗しないためのコツや時間短縮のワザなど「カツ代ロジック」満載です。

ひらひらカレー

忙しい日のカレーライスは、
薄切りの豚肉を使ったもので。
ひらりひらりと鍋に入れます。

材料（4人分）

豚薄切り肉……250g
玉ねぎ……大１個（250g）
にんじん……１本（150g）
にんにく……１かけ
しょうが……１かけ
サラダ油……大さじ１
水……４カップ
ローリエ……1/2 枚
カレールウ（市販品）……小１箱（約 100g）
温かいご飯……４人分
好みの薬味……各適量

作り方

1. 玉ねぎは3㎝角に切り、にんじんは3㎜厚さの半月切りにする。豚肉は長さを半分に切る。
2. 厚手の鍋に油を入れ、そこに、にんにくとしょうがをすりおろす。これを中火にかけ、いい香りがしてきたら、玉ねぎ、にんじんの順に加えて炒める。
3. 2の野菜がアツアツになったら、分量の水を加えて、にんじんがやわらかくなるまで煮る。いったん火を止めて、ルウを入れて溶かす（写真1）。
4. 再び中火にかけ、フツフツしているところにローリエを入れ、豚肉をひらりひらりと入れていく。肉に火が通ったら、火を止める。温かいご飯にかけて食べる。

● 簡単なカレーだけだとさみしいときは、薬味を添えて（写真2）。好きなものを２～３種そろえると気分が上がります。

カツ代ロジック

豚肉を入れるのは、仕上がり間際。火を通しすぎないことで、肉のうまみを逃さず、やわらかくジューシーな肉を味わえます。豚肉は、うまみのある肩ロースが特におすすめ。肉を牛肉や鶏肉に替えても作れますが、鶏肉で作るときは肉の量を350gに増やしてください。

1 カレールウは固形のもの、パウダー状のものなど、好みのものでよい。

2 写真は、福神漬け、ゆで卵、らっきょうの甘酢漬け、ゆでじゃがいも、チーズ、紅しょうが、フライドオニオン、ハム、玉ねぎの薄切り。好みのものを。

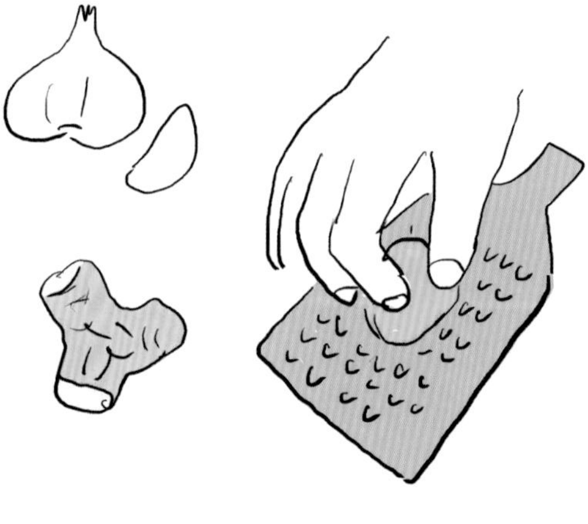

肉は最後に
ひらひら〜と
投入！

ポークチャップ

昭和の真っただ中においては
洋食屋さんの定番メニューはこれでした。
隠し味にしょうゆや酒を使って
白いご飯によく合うようになってます。

材料（4人分）

豚肩ロース肉（1 ～ 1.5cm厚さ）……4 枚（400 ～ 500g）
塩……少々
こしょう……少々
薄力粉……小さじ 4
オリーブ油……大さじ 1

ソース

マッシュルーム（スライス、缶詰）……1 缶（190g）
水……3/4 カップ
トマトケチャップ……大さじ 4
酒……大さじ 3
ウスターソース……大さじ 2
しょうゆ……小さじ 1
バター……小さじ 1

つけ合わせ

ゆでたパスタ……適量
ゆでた絹さや……適量

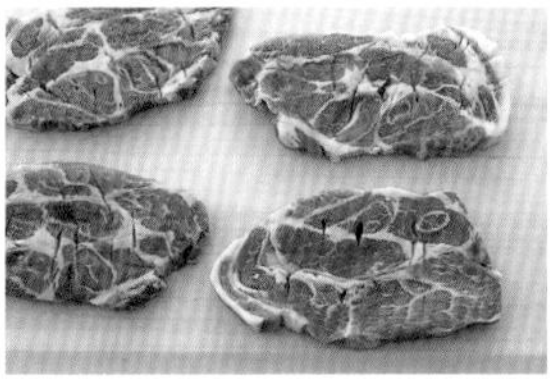

筋切りは片面のみでよい。筋切りをすると、焼いたときに肉が反り返るのと、かたくしまるのを防げる。

作り方

1. 豚肉は筋切りして（写真）、塩、こしょうをふる。焼く直前に薄力粉を薄くまぶす。つけ合わせを用意しておく。
2. フライパンを中火で熱してオリーブ油をなじませ、豚肉を入れる。時々フライパンを揺すりながら焼き、こんがり焼けたら裏返す。ふたをして中まで火を通し、両面がおいしそうに焼けたら、取り出す。
3. 2のフライパンにソースの材料を入れて火にかけ、少しとろみがつくまで煮る。2の肉を戻してソースをからめる。
4. 器にソースごと盛りつけ、つけ合わせを添える。

カツ代ロジック

ポークチャップはあくまでもソテー。焼きつけたらソースはからめる程度にして煮込まないこと。温める程度にからめればOK ！

ゆで豚サラダ

ゆでて、あえる、しゃぶしゃぶサラダ。
40年ほど前にテレビで
はじめて紹介したときは
じつに画期的な食べ方だったのです。

材料（4人分）

豚薄切り肉（しゃぶしゃぶ用）……300g
きゅうり……1本
レタス……6枚（300g）
青じそ……10枚
みょうが……2個
A
- にんにく（すりおろす）……小さじ1
- しょうが（すりおろす）……小さじ1
- 砂糖……ひとつまみ
- しょうゆ……大さじ2
- 米酢……大さじ1～2
- ごま油……大さじ1

いりごま（白）……大さじ2
酒、塩……各少々

作り方

1. きゅうりは長さを4等分にし、縦半分に切ってから薄切りにする。レタスは一口大にちぎる。青じそは縦半分に切ってせん切り、みょうがは縦半分に切って斜め薄切りにする。
2. 鍋に4カップの湯を沸かし、酒、塩を加え、豚肉を次々とゆでる。火が通ったら、ざるに上げて水けをきる。ゆで汁はとっておき、みそ汁やスープに使うとよい。
3. ボウルにAを入れて混ぜ、2の豚肉を入れてからめる。
4. 完全に冷めたら、1の野菜、ごまを加えて、さっくりとあえる。

カツ代ロジック

豚肉は1枚ずつ広げて、くっつかないようにゆでます。中火の、ぐらぐらしないやさしい火加減で。水っぽいぼやけた味にならないように、ゆでた豚肉はしっかりと水けをきること。ゆでて引き上げるときに、ざるにペーパータオルを敷いておくと、よく水けが取れます。

ゆでた肉と野菜は
ホワッホワッと
大きくあえて

ごま焼き肉

すりごま入りのたれをもみ込み、
すぐ焼くだけ。豚こま切れ肉が牛肉顔負けの
おいしさになります。

材料（4人分）

豚こま切れ肉……………………………400g

たれ

- にんにく（すりおろす）…………………1かけ分
- 長ねぎ（みじん切り）……………………5cm分
- しょうゆ……………………………大さじ2
- 砂糖…………………………………小さじ2
- すりごま（白）………………………大さじ1
- ごま油………………………………大さじ1

つけ合わせ

- レタス類（リーフやサニーレタスなど）………1個
- トマト………………………………………2個

作り方

1. 器につけ合わせの野菜を盛りつける。レタス類は肉を包んで食べるので大きい葉のままで、トマトは食べやすい大きさ（厚さ7～8mm）に切る。
2. ボウルに肉を入れ、たれの材料を次々に加え、手でよくもみ込む（写真）。
3. フライパンを熱し、2の肉をできるだけ広げて入れ、強めの中火で焼く。下側の面に焼き色がついたら返し、ひと呼吸おいてから全体に火が通るまで炒め合わせる。これを1の器に盛る。
●ピリ辛味が好きなら、しょうゆを半分に減らして豆板醤《トウバンジャン》小さじ1を混ぜてもよい。

たれの調味料が全体にからむようによくもみ込む。これで味がむらなくつき、すぐ焼いてもおいしい。

カツ代ロジック

豚肉にもみ込むたれにごま油が入っているので、フライパンに油をひかずに焼けます。肉を焼くときは、できるだけ広げてフライパンに入れ、焼き色をつけます。肉を裏返したあとは、ひと呼吸おいて焼き色がつくのを待つこと。すぐに炒め合わせると肉汁が出てしまうので注意します。

お弁当の
おかずにもいいよ

豚こまとなすのみそ炒め風

なぜ〝炒め風〟かというと、
なすの扱いにひと工夫あり。

カツ代ロジック

なすを塩水につけるとアクが抜け、変色を防ぎます。火を通すときは、なすを炒めて表面に油をからませ、湯を入れて強火で一気に煮て、水分がとんだら炒め物に仕上げる。これが時間短縮の裏ワザ。

材料（4人分）

豚こま切れ肉……200g
なす……5個
塩水……適量
ピーマン……2個
ごま油……大さじ1と1/2
A ┌みそ……大さじ1強
　│砂糖……大さじ1/2
　└しょうゆ……小さじ1

作り方

1. なすは1.5cm厚さの斜め切りにし、海水程度の塩水に5～10分つけて水けをふく。ピーマンは縦半分に切って、1.5cm幅の斜め切りにする。
2. 中華鍋かフライパンにごま油を熱し、強めの中火でなすを炒める。全体に油が回ったら、豚肉と湯1/2カップを加えて混ぜ、水分がなくなってきたら、ピーマンを加えて全体を混ぜ合わせる。
3. なすに火が通ったらAの調味料を加え、水分をとばすように炒め合わせ、すぐ器に盛る。

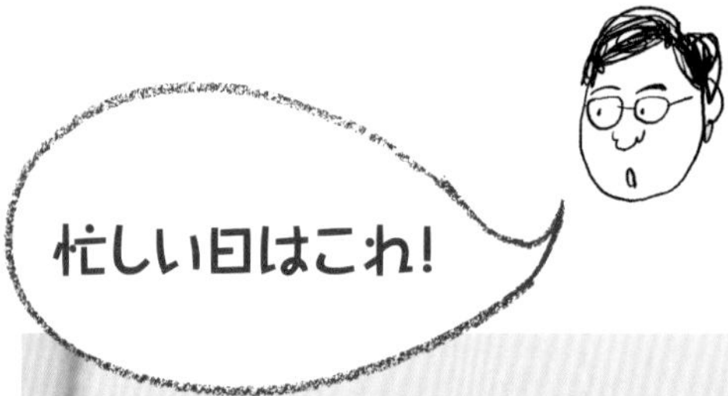

豆腐と野菜を
入れたら
10分煮るだけ

豚こま肉豆腐

「煮物は食べたし、作るは面倒！」
という人に。手早く作れる人気の味です。

材料（4人分）

豚こま切れ肉……………………………200g
木綿豆腐……………………………1丁(400g)
にんじん……………………………1/2本(100g)
長ねぎ………………………………………1本
A
- しょうゆ…………………………大さじ2
- 砂糖………………………………大さじ1
- 酒…………………………………大さじ1
- しょうが(せん切り)……………1かけ分

だし汁……………………………………2カップ

作り方

1. 豆腐は水で洗って8等分に切る。にんじんは薄い輪切り、ねぎは5㎜幅の斜め切りにする。
2. 鍋にAの材料と豚肉を入れ、強めの中火にかける。ふたをして、こってりして味がよくしみるまで火を通し、だし汁を加える。
3. フツフツと煮立ってきたら、豆腐、にんじん、ねぎを順に加え、ふたをして10分煮る。煮汁ごと器に盛り、好みで七味とうがらしをふる。

カツ代ロジック

だし汁に市販のだしの素を使う場合は、表示よりも少なめに。豚肉から出るうまみを生かしたいので、だしの素を使う場合はごく少量で十分です。

簡単！ 回鍋肉《ホイコーロー》

手元に切った材料と調味料をそろえ、
準備万端整ったところで取りかかりましょう。

カツ代ロジック

キャベツは大きすぎるぐらいに切ると、しょぼんとしないでシャキシャキに。キャベツを強火で炒めて、いったん取り出すと水けが出ません。このとき、キャベツに完全に火を通さないこと。戻し入れて、炒め合わせたときにさらに火が入るからです。

材料（4人分）

	キャベツ	10枚（500g）
	豚バラ肉（薄切り）	250g
	ごま油	大さじ1強
A	みそ	大さじ2
A	砂糖	小さじ2
A	しょうゆ	小さじ1
A	酒	大さじ1

作り方

1. キャベツは6cm四方ぐらいに大きく切る。豚肉は5～6cm長さに切る。**A**は混ぜ合わせておく。
2. 中華鍋をカンカンに熱してごま油大さじ1をなじませ、キャベツを強火で炒める。全体に油をからめるように炒め、アツアツになったらいったん取り出す。
3. 同じ鍋にごま油少々を足し、中火にして豚肉を広げて入れる。ひと呼吸おいてから炒めて肉がこびりつかないようにする。肉に火が通ったら、いったん火を止め、**A**を加える。強火にかけ、すぐに**2**のキャベツを戻し、味をからめるように手早くシャキッと炒め、すぐ器に盛る。

薄切りとんカツ

見た目はヒレカツ、
食べればやわらか薄切りカツ。

食べてビックリ！
薄切り肉

材料（4人分）

豚ロース肉（薄切り）…………12 ～ 16 枚（400g）
塩、こしょう……………………………… 各少々

衣

- 薄力粉……………………………… 適量
- 溶き卵………………………………1 個分
- パン粉……………………………… 適量

揚げ油………………………………… 適量

A
- とんカツソース…………………… 大さじ 3
- トマトケチャップ………………… 大さじ 2
- しょうゆ…………………………… 小さじ 1

溶きがらし…………………………… 適量

つけ合わせ

キャベツのせん切り、トマトのくし形切り
………………………………… 各適量

作り方

1. 豚肉は1枚を３～４つ折りにし、塩、こしょうを全体にふる。
2. さらに衣の薄力粉を全体にふり、溶き卵、パン粉を順につける。
3. 揚げ油を中温（170℃）に熱し、2を次々に重ならないように入れる。衣が落ち着くまでいじらず、カリッとしてきたら裏返し、全体においしそうな色がついたらよく油をきって引き上げる。
4. 揚げたてを器に盛り、キャベツ、トマトを添える。Aを合わせたソースと溶きがらしも添える。

カツ代ロジック

豚肉は１枚を何回か折りたたむようにして、一口大に切ったヒレ肉のそっくりさんにまとめます。薄切り肉で作ったカツは、子どもにもお年寄りにも食べやすい思いやりカツ。

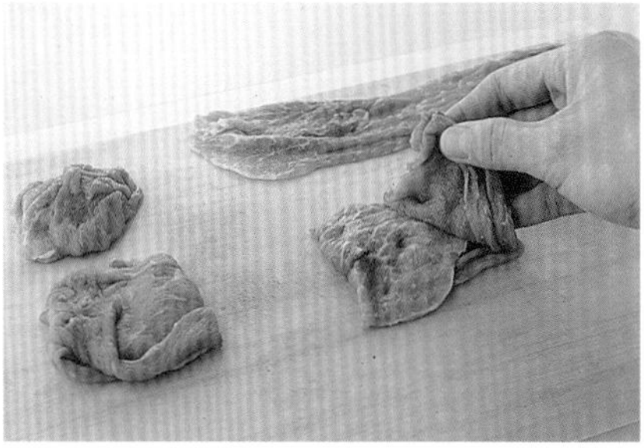

豚こまハヤシ

短時間でも、洋食屋さんの
煮込んだ味に負けない
いろいろなコツがいっぱい。

カツ代ロジック

豚肉をしっかり焼く。薄力粉をふったあとよく炒める。これが短時間なのに煮込んだような味に仕上げるワザ。薄力粉はとろみをつける役割だけでなく、色づくまでよく炒めることで、デミグラスソースの独特の色、味、香りに近づきます。さらに、トマトの水煮を加えたときに、鍋底にくっついたうまみをこそげ取りながら炒め合わせることで本格派の味に。

材料（4人分）

豚こま切れ肉	300g
玉ねぎ	2個（400g）
バター	20g
ローリエ	1枚
薄力粉	大さじ2
トマトケチャップ	大さじ2
ウスターソース	大さじ2
トマトの水煮缶	1缶（400g）
しょうゆ	小さじ2
砂糖	（味をみて）小さじ1/2～1
温かいご飯	4人分
パセリのみじん切り（あれば）	適量

作り方

1. 玉ねぎは縦半分に切り、繊維を断つように横薄切りにする。
2. フライパンにバターを入れて火にかけ、玉ねぎを強めの中火でしんなりとするまで炒めて甘みを出す。玉ねぎを片側に寄せて、豚肉、ローリエを加え（写真1）、肉を炒める。
3. 薄力粉をふり入れ、2～3分中火で炒める。いったん火を止め、トマトケチャップ、ウスターソースを加え、再び2分ほど鍋底をこそげるように混ぜる。
4. トマトの水煮、しょうゆを加え、トマトをつぶしながら5分ほど炒め合わせる（写真2）。味をみて、酸味が強いようなら、仕上げに砂糖をふり入れて炒め合わせ、火を止める。
5. 器にご飯を盛り、4をかける。あればご飯にパセリをふる。

1 肉はすぐ動かさずに、下の面に焼き色がついたら炒め合わせる。玉ねぎを片側に寄せることで肉に早く火が通り、いい焼き色も早くつく。

2 玉ねぎ、トマトによって味が変わるので、味をみて、少し酸味がとがっていると思えば、砂糖を加える。

本格派の味になる
コツがいっぱい

豚肉と野菜のうま煮

このうま煮、白いご飯にのせれば中華丼。揚げめんや焼きめんにのせれば上海風焼きそばに変身！

カツ代ロジック

日本の台所事情はどちらかというと、狭い家が多いですよね。コンパクトに合理的に調理を進めるために、カットした干ししいたけと野菜は、加える順になるように、ざるに重ねて準備するとよいでしょう。最後に加えるものは底に、はじめに炒めるものは一番上にセットします。

すべての野菜を入れたあとに、しいたけのもどし汁と調味料を入れる。野菜が多いので、炒めるよりも煮てしまうほうがラク。

材料（4人分）

豚こま切れ肉……150g
シーフードミックス（冷凍）……150g
干ししいたけ……4枚
にんじん……4㎝
白菜……4 枚（300g）
もやし……1 袋
ごま油……大さじ 1
しょうが、またはにんにく（みじん切り）……1 かけ分

A
- しいたけのもどし汁……1 と1/2 カップ
- 砂糖……大さじ 1
- 塩……小さじ 1/2
- しょうゆ……大さじ 1
- こしょう……少々

B
- かたくり粉……大さじ 2
- 水……大さじ 2

作り方

1. シーフードミックスは解凍して水けをふいておく。干ししいたけは2カップのぬるま湯（または水）でもどし、軸を除いて1㎝幅に切る。もどし汁は取っておく。
2. にんじんは短冊切り、白菜は軸と葉に切り分け、葉はざく切り、軸は繊維に沿って細切りにする。
3. 中華鍋かフライパンにごま油、しょうがを入れて強火にかける。よい香りがしてきたら、しいたけ、豚肉、シーフードミックスの順に加えて炒める。
4. さらに、にんじん、白菜の軸、もやし、白菜の葉の順に加え、Aを次々に加える。全体がフツフツと煮立ってきたら味をみて、塩けが足りなければ塩（分量外）を加えて調える。
5. 4にBの水溶きかたくり粉を様子を見ながら加え、ほどよいとろみがついたら火を止める。すぐ器に盛り、好みで溶きがらしと酢を添える。

シーフードミックスを
加えるとうまみ倍増

ゴーヤーチャンプルー

ゴーヤーをサッとゆでることで苦みが少なくなって
ぐっと食べやすくなります。

材料（4人分）

ゴーヤー……1本(300g)
豚バラ肉(薄切り)……100g
しょうが(みじん切り)……1かけ分
木綿豆腐……1丁(400g)
ごま油……大さじ1
A
- しょうゆ……大さじ1
- みりん……大さじ1
- 塩……小さじ1/2
- こしょう……少々

卵……2個
塩……適量

カツ代ロジック

豆腐は木綿を使い、30分ほどしっかりめに水きりをします。豆腐をペーパータオルで包み、下に受け皿を置いたざるにのせ、皿などの軽い重しをのせて。

作り方

1. 豆腐は軽い重しをのせて30分くらいおき、水きりをする。縦半分にして横に1cm厚さに切る。
2. ゴーヤーは縦半分にしてワタと種をスプーンなどでこそげ取り、3mm厚さの斜め薄切りにする。4カップぐらいの湯を沸かし、塩小さじ1を入れ、ゴーヤーをサッとゆでる。
3. 豚肉は5～6cm長さに切る。卵は溶きほぐす。
4. フライパンを火にかけ、温まったらごま油をひき、豚肉を入れてすぐに塩ひとつまみ、しょうがを加え、豆腐も入れ、強めの中火で焼きつけるように炒める。
5. 肉の色が変わり、豆腐がアツアツになったらゴーヤーを加えて、強火で炒める。油が回ったらAの調味料を加え、全体がアツアツになったら、溶き卵を回し入れ、パラッとなるまで卵をからめるように炒め、火を止める。

ときどり

たれを少し多めにすれば丼に。
お弁当のおかずにもよし。

材料（4人分）

鶏もも肉……………………2枚（500〜600g）

つけだれ

- みりん………………………大さじ2〜3
- しょうゆ……………………大さじ2〜3

つけ合わせ

- しめじ、ピーマン…………………各適量

サラダ油…………………………小さじ1/2

塩……………………………………少々

七味とうがらし（または粉ざんしょう）………適量

作り方

1. 鶏肉は焼く30分前に冷蔵庫から出して室温にもどす。身の厚いところにスッスッと数本切り目を入れ、黄色い脂は除く。
2. しめじは石づきを取り、食べやすくほぐす。ピーマンは食べやすい大きさに切る。つけだれの材料をバットに合わせておく。
3. フライパンを中火にかけ、十分に熱くなったら油をなじませ、鶏肉を皮から焼く。こんがりきつね色に焼けたら裏返す（写真）。肉に火が通ったら、取り出して2のつけだれにつける。
4. 同じフライパンで、しめじとピーマンをサッと炒め、塩で味をつける。
5. 鶏肉の粗熱が取れたら、切って器に盛り、しめじ、ピーマンを添える。七味とうがらしや粉ざんしょうをふって食べる。

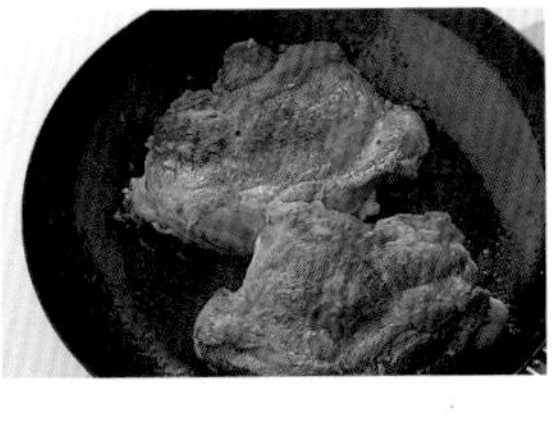

皮側から焼いて脂を出し、こんがりうまそうな焼き色がついたら裏返す。

カツ代ロジック

鶏肉は皮側から焼いて脂を出し、こんがりとおいしそうな焼き色をつけます。そして、味がよくしみるように焼きたてのアツアツをつけだれに。そのときも、皮側からつけて、返して身のほうにもたれをからめます。

ときを選ばずに
役に立つ鶏料理だから
ときどり

棒々鶏《バンバンジー》

野菜をたっぷり添えてサラダ風にすると
彩り、味、見た目、すべてよし。
鶏肉のゆで汁はスープに活用して。

材料（4人分）

鶏むね肉……2枚（500g）
塩……小さじ1/2

ごまだれ

- いりごま（白）……3/4カップ
- みりん……大さじ3
- しょうゆ……大さじ3
- 酢……大さじ1

きゅうり……1本
トマト……1個
長ねぎ……10cm

作り方

1. 鶏肉はゆでる30～60分前に冷蔵庫から出し、塩を全体にふる。鍋に3カップの湯を沸かし、鶏肉を入れ、ふたをして、ごく弱火にして15分ほどゆでる。火を止め、ふたをしたまま冷めるまでゆで汁につけておく。
2. きゅうりは斜め薄切りにしてから細切りにし、トマトは薄い輪切りにする。ねぎは5cm長さに切り、縦に切り目を入れ芯を除いてせん切りにし、サッと水で洗って水けをきる（白髪ねぎ）。
3. ごまだれのいりごまは温まる程度にからいりし、すり鉢でよくすりつぶす（写真）。残りの調味料を加え、さらになめらかになるまですり混ぜる。
4. 鶏肉をゆで汁から取り出し、細切りにする。ゆで汁はスープ用に取っておく。
5. 器にトマトを敷いて鶏肉ときゅうりを盛り、白髪ねぎをのせる。ごまだれをかけて食べる。好みで溶きがらしを添える。

おまけのスープ

材料（4人分）

鶏肉のゆで汁＋水……4カップ
固形スープの素……1個
酒……大さじ2
塩、こしょう……各適量
A ┌かたくり粉……小さじ1
　 └水……小さじ1
卵……1個
細ねぎ（小口切り）……適量

作り方

鶏肉のゆで汁に水を足して4カップにして、火にかける。フツフツしてきたら、スープの素と酒を加える。味をみて、塩、こしょうで調え、Aの水溶きかたくり粉を加える。再びフツフツしてきたら、卵を溶いて回し入れ、ふんわり浮いてきたら火を止める。器に盛って、細ねぎを散らす。

カツ代ロジック

鶏肉は、ゆで汁につけたまま冷ますと、ゆで汁を吸ってしっとりします。皮側を上にして冷ますと、肉の面が乾きません。できれば一晩冷蔵庫におくと、よりおいしくなりますよ。

ごまはする前にサッといると、すりつぶしやすくなる。

しっとりゆで鶏を
ねっとり濃厚な
ごまだれで

ナッツ鶏のチリ炒め

鶏肉、干ししいたけ、ナッツを香ばしく焼くと、まるで下揚げをしたようなコクがつきます。

材料（4人分）

鶏むね肉		1枚(250g)
干ししいたけ		4〜6枚
ピーマン		3個(150g)
A	トマトケチャップ	大さじ2
	しょうゆ	大さじ1
	酒	大さじ1
	豆板醤《トウバンジャン》	小さじ1/2
	砂糖	小さじ2〜3
塩		小さじ1/4
こしょう		適量
酒		小さじ2
かたくり粉		大さじ2
ごま油		大さじ2
長ねぎ(みじん切り)		5cm分
カシューナッツ		1カップ

カツ代ロジック

炒め物をするときはテンポとリズムが重要。材料をすべて切っておき、調味料も量っておき、準備万端整えます。火にかけたらあとはノンストップ！　テンポよく仕上げまで一気に。真ん中をあけて調味料を入れると、フライパンの熱がじかにあたり、風味が引き立ちます。

作り方

1. 干ししいたけは水（またはぬるま湯）につけてやわらかくもどし、軸を除いて1.5cm角に切る。ピーマンは1.5cm角に切る。Aの調味料は合わせておく。
2. 鶏肉は小さめの一口大に切り、塩、こしょう、酒をふって混ぜ、かたくり粉をまぶす。
3. フライパンまたは中華鍋を中火で熱し、ごま油をなじませる。2の鶏肉を広げて入れ、上にねぎを散らし、肉の間にしいたけを散らす。しばらく動かさないで焼き、肉の下側に焼き色がつき、しいたけから香りが出てきたら、強めの中火にして全体を炒め合わせる。
4. 3にカシューナッツを散らし入れて香ばしくなるまで炒め、さらにピーマンを加えて強火にしてサッと炒め合わせる。
5. 炒めた具の真ん中をあけ、Aの調味料を加え、調味料に少し火を通してから一気に炒め合わせ、すぐ器に盛る。

肉に焼き色がつくまで
さわらないでね

鶏肉の エスニックサラダ

酸味ほどほど、ほのかなカレー味と
しょうゆの香りで、白いご飯にもぴったり。

カツ代ロジック

エスニックといっても、特別な材料はいっさいなし。にんにく、とうがらし、レモン、カレー粉といった材料で、異国の香り漂うサラダになります。

材料（4人分）

鶏むね肉		1枚（250g）
春雨		50g
A	にんにく（すりおろす）	小さじ1/2〜1
	赤とうがらし（輪切り）	1本分
	カレー粉	小さじ1/2
	レモン汁（または酢）	大さじ2
	塩	小さじ1/2
	しょうゆ	大さじ1
	こしょう	少々
レタス		4枚
玉ねぎ		1/4個
サラダ油		大さじ1
細ねぎ（小口切り）		2本分
レモン（くし形切り）		適量

作り方

1. 鶏肉は46ページの「棒々鶏」と同様にゆで、食べやすい太さに裂く。春雨は袋の表示通りにゆでてもどし、水洗いして水けをよくきり、食べやすい長さに切る。
2. Aの材料をボウルに合わせておく。
3. レタスは一口大にちぎり、玉ねぎは繊維に沿った薄切りにし、皿に盛る。
4. フライパンにサラダ油を熱し、鶏肉を熱くなるまで炒めて2に入れ、春雨を加えてあえる。
5. 4を3の野菜の上に盛り、細ねぎを散らす。レモンを添え、しぼって食べる。

油淋鶏《ユーリンチー》

たれにつけてすぐ食べても、
冷めてしっとりしたものもおいしい。

材料（4人分）

鶏もも肉……………………………2枚(600g)

甘酢だれ

- しょうゆ…………………………大さじ3
- 酢…………………………大さじ2〜3
- 砂糖………………………大さじ2〜3
- みりん……………………………大さじ1
- しょうが(みじん切り)……………1かけ分
- 長ねぎ(みじん切り)…………………20cm

下味

- 塩………………………………………少々
- 酒……………………………………小さじ2

かたくり粉……………………………1/2カップ
揚げ油…………………………………………適量
長ねぎ……………………………………10cm分

作り方

1. 甘酢だれの材料を合わせ、一度煮立ててからボウルに入れる。ねぎは5cm長さに切り、縦に切り目を入れて芯を除いてせん切りにし、サッと洗って水けをきる(白髪ねぎ)。
2. 鶏肉は黄色い脂を取り、2cm幅ぐらいの一口大に切り、**1**とは別のボウルに入れる。これに下味の材料を加えてもみ込み、揚げる直前にかたくり粉をふり、全体にしっかりつける。
3. 揚げ油を170℃に熱し、**2**を皮側を下にして次々に入れる。衣が落ち着くまでいじらず、しっかりしてきたら、時々大きく混ぜ、肉全体を空気に触れさせるようにしてカリッと揚げる。
4. よく油をきって引き上げ、アツアツを**1**の甘酢だれにジュッとつけ、全体にからめる。
5. 器に**4**の鶏肉を盛り、白髪ねぎを散らす。

カツ代ロジック

揚げるときの温度はだいたい170℃（中温）。火力を調節しながら、この温度をキープすることが大切。放っておくと、油の温度が上がり、中は生で、外側は焦げてしまう、なんてことになりかねません。揚げたてアツアツを甘酢だれにつけるのが、味をすぐにしみ込ませるコツ。

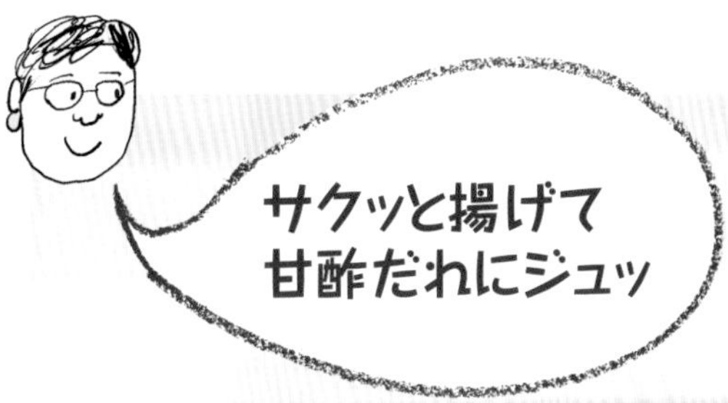

3種ミートローフ

牛、豚、鶏の3種の肉のうまみで
おいしさも3倍。一度これを食べちゃうと
2種類じゃ物足りなくなる、これホントの話。

材料(6~8人分)

肉だね

牛ひき肉	200g
豚ひき肉	200g
鶏ひき肉	200g
A 卵	1個
A 牛乳	1/2カップ
A パン粉	3/4カップ
玉ねぎ	1/2個
セロリ	50g
ピーマン	2個
塩	小さじ1/2強
こしょう	少々
プロセスチーズ(1cm角に切る)	50g
ベーコン	4枚
サラダ油	適量
オリーブ油	適量

つけ合わせ

ブロッコリー、カリフラワー(ゆでたもの)	各適量

1 3種のひき肉は、塩、こしょうを加えてしっかりと混ぜ合わせる。

2 まとめて天板にのせ、ここでかまぼこ形に整える。

作り方

1. 肉だねのAの卵を溶いて牛乳と合わせ、パン粉を加えてしっとりとさせておく。
2. 玉ねぎ、セロリ、ピーマンはみじん切りにする。
3. ボウルにひき肉3種と塩、こしょうを入れて(写真**1**)よく混ぜ、1、2、チーズを加えてさらによく混ぜる。
4. オーブンの天板にアルミ箔を敷いてサラダ油少々を塗り、3を2等分してのせ、それぞれかまぼこ形にまとめる(写真**2**)。上にベーコンを2枚ずつのせ、ベーコンにオリーブ油を薄く塗る。
5. オーブンに入れて200℃にセットし、40分前後焼く。竹串を刺して濁った汁が出てこなければ焼き上がり。火が通る前にベーコンが焦げてきたら、穴を数か所あけたアルミ箔をふわっとかぶせる。
6. 粗熱が取れたら2cm厚さに切り、つけ合わせのブロッコリー、カリフラワー、あればにんじんグラッセとともに器に盛る。
●にんじんグラッセは、にんじんをヒタヒタの水、砂糖、塩、オリーブ油で煮たもの。

カツ代ロジック

肉だねの上にベーコンをのせると、脂が肉だねに回ってしっとりと焼き上がります。ベーコンに油を塗るのは焦げにくくするため。このミートローフはいつも2本作ります。アルミ箔でぴっちりと包んで冷蔵庫で4～5日はもちます。サンドイッチの具にしたり、トマトジュースで煮込みにしたりと、使いみちはいろいろ。

3種の肉が
生み出す複雑な
おいしさ

キャベツが
いい仕事をするんです

庶民のシューマイ

このシューマイは豚肉と玉ねぎのみ。
肉は上等でなく、並のもので十分、
シンプルだからうまい！

材料（4人分）

豚ひき肉		300g
A	玉ねぎ（みじん切り）	150g
A	かたくり粉	大さじ4
B	塩	小さじ1
B	砂糖	小さじ1
B	ごま油	小さじ1/2
B	こしょう	少々
B	水	大さじ2
シューマイの皮		1袋（30枚）
キャベツ		2〜3枚
溶きがらし、酢、しょうゆ		各適量

あんをテーブル用ナイフで皮にのせ、ナイフで真ん中を押さえながら、指で枠を作る感じですぼめる。最後は底になる部分をナイフで平らにならす。

作り方

1. Aの玉ねぎをボウルに入れ、かたくり粉を全体にまぶす。
2. 別のボウルにひき肉を入れ、Bを加えて混ぜる。さらに1を加えてよく混ぜる。
3. シューマイの皮に等分した2のあんをのせて包み込む（写真）。
4. 蒸気の上がった蒸し器にキャベツを敷き、シューマイを並べて15分蒸す。蒸したキャベツとともにシューマイを器に盛り、からし酢じょうゆで食べる。

カツ代ロジック

キャベツや白菜を敷いて蒸すと、下にこびりつかず、野菜の水分でふっくら蒸し上がります。キャベツの軸のところを包丁でそぐと、シューマイのすわりがよくなります。蒸した野菜はつけ合わせで食べると美味。

肉みそ
レタス包み

ピリ辛肉みそとパリッと揚げた春雨を
レタスで包んでムシャムシャと。

材料（4人分）

肉みそ

	豚ひき肉	300g
	干ししいたけ（もどしたもの）	3 枚
	セロリ	1 本（100g）
	ピーマン	2 個
A	みそ	大さじ 1
A	しょうゆ	大さじ 1
A	酒	大さじ 1
A	豆板醤《トウバンジャン》	小さじ 1/2
	長ねぎ（みじん切り）	10cm分
	にんにく（みじん切り）	1 かけ分
	かたくり粉	小さじ 1/4
	ごま油	適量

春雨（じゃがいもでんぷんのもの）	40g
揚げ油	適量
レタス	1 個

カツ代ロジック

春雨は 180 ～ 190℃の高温で揚げてパリパリに。揚げ油を熱し、春雨を１本入れて、すぐに浮いてぷっくりしたら、揚げどき。一度に揚げ鍋に入れるとあふれて危ないので、3 回ほどに分けて、少しずつ揚げます。ふくらんだら一度裏返して、火の通りを均一に。

作り方

1. 肉みそを作る。しいたけは石づきを除いてみじん切りに、セロリ、ピーマンもみじん切りにする。Aは合わせておく。
2. フライパンにごま油大さじ2、ねぎ、にんにくを入れ、中火で香りが立つまで炒める。しいたけ、ひき肉、セロリ、ピーマンの順に加えて、強火で炒め合わせる。
3. 肉の色が変わったら火を止めてAを加え、強めの中火で炒める。コテッと味がからんだら、かたくり粉を全体にふり入れ、ひと炒めする。火を止めてごま油小さじ1/2を落とし、すぐ器に盛る。
4. 揚げ油を高温（180 ～ 190℃）に熱し、春雨を揚げる。全体にふっくらふくらんだら引き上げ、よく油をきって、ペーパータオルに取る。そのまま包んで、食べやすいようにパキパキッとくずす。
5. レタスは1枚ずつはがす。3の肉みそ、4の揚げ春雨と器に盛る。

キーマカレー

残り野菜フル活用のキーマカレー。
野菜はやわらかく煮てペースト状に、
これがとろみのもとになります。

材料（4人分）

残り野菜

にんじん、ピーマン、セロリ、玉ねぎ、パセリ、
トマト、きのこなど……… 合わせて約 500g

にんにく……………………………………1 かけ
しょうが……………………………………1 かけ
水……………………………………4 カップ
干しぶどう…………………………… 大さじ 1
ローリエ……………………………………1/2 枚
カレールウ（市販品 4 皿用）………… 1/2 箱（50g）

A
豚ひき肉（または合びき肉）…………… 250g
カレー粉………………………………… 大さじ 2
ウスターソース………………………… 大さじ 1
塩…………………………………小さじ 1/2

温かいご飯…………………………………4 人分
福神漬け…………………………………… 適量

作り方

1. 残り野菜を大きめに切って鍋に入れ、にんにく、しょうが、水2カップを加えて強めの中火にかける。フツフツしてきたら、ふたをして弱火にし、野菜がやわらかくなるまで煮る（写真❶）。目安は20分前後。
2. 野菜がやわらかくなったら火を止める。粗熱が取れたら、煮汁ごとブレンダーかミキサーにかけて、野菜ペーストを作る（写真❷）。
3. 鍋に2の野菜ペースト、残りの水2カップ、干しぶどうを入れて中火にかける。フツフツ煮立ってきたらいったん火を止め、カレールウを入れて溶かし、再び中火にかける。
4. Aのひき肉とカレー粉、調味料をよく混ぜ、3がフツフツしてきたら加え、泡立て器でほぐしながらよく混ぜる。ローリエを加え、時々混ぜながら5～10分煮る。
5. 皿にご飯を盛り、4をかけ、福神漬けを添える。

❶あとでミキサーにかけるので、野菜はざっくり切ればＯＫ。

❷ミキサーでペースト状にする。これがとろみのもとになる。

カツ代ロジック

ひき肉に味をつけて加えると、くさみが抜けておいしくなります。ひき肉を泡立て器でほぐすのが早く火を通すコツ。

野菜の
組み合わせによって、
毎回違う味に！

れんこんのはさみ焼き

シャキシャキれんこんと
もっちり肉だねの組み合わせ。

材料（4人分）

れんこん……………………………2節（400g）

肉だね

- 鶏ひき肉………………………………200g
- 水……………………………………大さじ2
- 塩………………………………小さじ1/2
- かたくり粉…………………………小さじ2

ごま油…………………………………大さじ1
しょうが（すりおろす）……………………適量
しょうゆ……………………………………適量

作り方

1. 肉だねの材料はよく混ぜ合わせる。れんこんは3～4㎜厚さの輪切りにする。
2. れんこんの半量に肉だねをティースプーン1杯ぐらいずつのせ、残りのれんこんをのせてはさむ。手で押さえて均一の厚さにする。
3. フライパンにごま油を熱し、**2**を並べ、ふたをしてやや弱めの中火で両面をこんがりと焼く（写真）。最後はふたを取って水けをとばし、パリッとさせる。
4. 焼きたてにおろししょうがとしょうゆをつけて食べる。溶きがらし、酢じょうゆをつけて食べてもおいしい。

こんがり色づくまで動かさずに待つ。あわてて返すと、れんこんのでんぷんでフライパンにくっつく。

カツ代ロジック

ササッと焼けるように、れんこんは薄めに切ります。切ったれんこんは、水にはさらさずにすぐに肉だねをはさみます。すると、れんこんのでんぷん質がのり代わりになってぴたっ！

ピーマンの肉詰め

夏になると、無性に食べたくなるのがこの一品。ご飯が進むしょうゆ味です。

材料（4人分）

肉だね

- 卵……1個
- パン粉……3/4カップ
- 豚ひき肉……200g
- 長ねぎ（みじん切り）……20㎝分
- しょうが（みじん切り）……小さじ1
- 塩……小さじ1/4
- こしょう……少々

ピーマン……小6個（300g）
かたくり粉……適量
ごま油……大さじ1強
湯……1/2カップ

A
- 酒……大さじ1
- みりん……大さじ1
- しょうゆ……大さじ1

カツ代ロジック

焼いたあと、ピーマンと肉だねがパカッとはずれないコツは3つ。1、ピーマンの内側にかたくり粉をふること。粉は茶こしに入れて薄くふります。2、ピーマンに肉だねをパンパンに詰めること。3、焼くときは、肉の面から先に焼くこと。これで焼き縮みしてもはがれません。

作り方

1. 肉だねの卵を溶き、パン粉、水大さじ2（分量外）と合わせてしっとりさせる。
2. ボウルに1と肉だねの残りの材料を全部入れて、混ぜ合わせる。
3. ピーマンは縦半分に切り、ヘタと種を取る。内側にうっすらとかたくり粉をふり、2の肉だねを詰める。さらに肉だねの表面に、ほんの少しかたくり粉をふる。
4. フライパンにごま油を熱し、3を肉のほうから弱めの中火で焼く。焼き色がついたら返して少し焼き、分量の湯を加えて、ふたをして蒸し焼きにする。水分がなくなり、肉に火が通ったら火を止める。
5. 肉のほうをもう一度下にしてAを加え、中火にかけてフライパンを揺すりながら味をからめる。

さばのみそ煮

定食屋でも大人気の魚料理。
作ってみたら、あら簡単！
実はあっという間にできちゃう
スピード料理なんです。

材料（4人分）

さば…………1尾（二枚おろし、または三枚おろし）

A
- みりん……………………………大さじ2
- しょうゆ…………………………大さじ1
- 酒…………………………………1カップ

みそだれ

- 砂糖………………………………大さじ1
- みそ………………………………大さじ2
- みりん……………………………大さじ2
- 水…………………………………1/2カップ

つけ合わせ

- 小松菜……………………………適量
- ごぼう……………………………10cm

作り方

1. つけ合わせの野菜を準備する。ごぼうは5cm長さ、縦4等分に切ってゆでる。小松菜もゆで、粗熱が取れたら、4cm長さに切る。
2. みそだれの材料は合わせておく。
3. さばは水けをふいて（写真1）、2つに切り、皮にスッと斜めの切り目を入れる。
4. 鍋にAとさばを皮を上にして入れ、ぴったりとふたをする。強めの中火にかけ、5分煮る。
5. 4の鍋に2のみそだれを加え（写真2）、落としぶたをする。3～4分したら火を止める。
6. さばを器に盛りつける。鍋に残ったみそだれを火にかけて少しとろっとさせ、さばにかける。つけ合わせの野菜を添える。

カツ代ロジック

弱火で煮ると生ぐさくなるので、煮汁にさばを入れたら火を強めます。魚は肉よりも火の通りが早いので、長く煮すぎて身がかたくならないように注意しましょう。

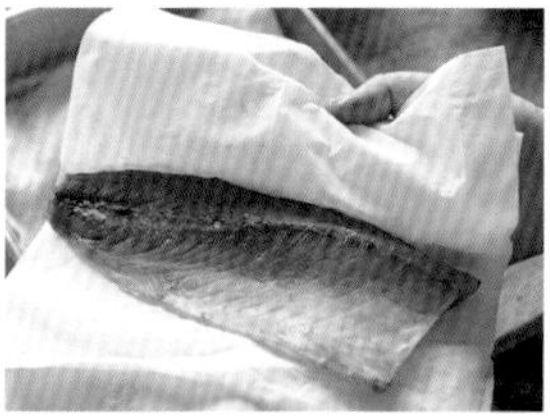

1 表面の水けがくさみのもとになるので、ペーパータオルで水けをしっかりとふく。

2 みそだれを入れてフツフツしてきたら、煮汁を回しかける。

とろりと濃厚な
煮汁がうまい

いかのみそ焼き

にんにくをきかせたパンチのある味。
ビールのつまみにも最高！

材料（4人分）

いか……2はい
ししとうがらし……1パック（20本）
ごま油……小さじ1
A
- にんにく（すりおろす）……1かけ分
- みそ……大さじ1
- しょうゆ……大さじ1
- 砂糖……小さじ1

作り方

1. いかはワタごと足を抜き、内臓を取り除き、胴と足に分ける。胴は中をきれいに洗って1cm幅の輪切りにする。足はワタを除いて洗い、食べやすい長さに切る（写真）。全体の水けをふく。
2. ししとうがらしは軸を短く切る。Aの材料を合わせておく。
3. フライパンか中華鍋を熱し、ししとうがらし、いかを入れ、ごま油を回しかける。そのまま動かさずに強火で30秒ほど焼き、いい香りがしてきたら木べらなどで大きく返しながら全体を焼く。
4. いかに火が通り始めたら鍋の真ん中をあけ、鍋肌からAを入れ、全体を一気に炒め合わせて、すぐ器に盛る。好みで七味とうがらしをふる。

いかは皮つきのまま使います。胴は輪切り、足はバラバラに切ります。

カツ代ロジック

いかをフライパンに入れたら、強火にして最初の20秒は動かさない。余分な水分を出さず、かたくさせないコツです。いかは火の通りが早く、火を入れすぎるとかたくなるので、焼き始めたら手早く一気に仕上げます。調味料を入れるときは、フライパンの真ん中をあけて直接熱があたるように。にんにくとみその香りを引き立たせます。

いわしの梅酒煮

梅酒を調味料として使うことで
独特の甘みとコクの複雑な味わいに。

材料（4人分）

いわし……中8尾
しょうが……1かけ
A ┌ 梅酒……1カップ
　│ しょうゆ……大さじ3
　└ 梅酒の梅（あれば）……2個
細ねぎ（あれば）……適量

※梅酒の梅はなくても作れます。

作り方

1. いわしは頭とハラワタを除き、水で手早くきれいに洗って水けをふく。しょうがは皮ごと薄切りにする。
2. 鍋の中を水でざっとぬらし、Aを入れてふたをし、中火にかける。フツフツしているところに、しょうが、いわしを並べ入れる（写真）。
3. 時々煮汁をかけながら、ふたを少しずらしてかけ、10分ぐらい強めの中火で煮る。ちょっと皮が破れるが、途中で裏返してもかまわない。このほうが早く煮える。
4. 煮汁ごと器に盛り、煮た梅も種を除いて添える。あれば10cm長さに切った細ねぎも添える。

煮立った煮汁に入れると、くさみが出ない。

カツ代ロジック

アルコール度数の高い梅酒は沸騰した時点でぽっと火がつくので、煮汁を火にかけたら、完全に煮立つまでは、必ずふたをしてください。近ごろの梅酒は甘さ控えめのものが多いので、煮汁を味見して、もう少し甘いほうが好みなら、砂糖を適宜加えて調整を。

おかずかき揚げ

少し甘めの配合の天つゆが合う
2種類のかき揚げ。この天つゆ、
丼にしたときにも実に合うんです。

材料（4人分）

A
- えび……200g（正味）
- みつば……1把

B
- まいたけ……1パック（150g）
- ちくわ……小2本

衣
- 薄力粉……1カップ
- 卵1個＋水……3/4カップ

揚げ油……適量

天つゆ
- だし汁……1カップ
- 酒……大さじ1
- 砂糖……小さじ2
- しょうゆ……大さじ2

カツ代ロジック

ポイントは揚げ油の温度を170℃の低めの中温にキープすること。衣を落とすと、中ほどまで落ちて1〜2秒で浮いてくるぐらいが目安です。温度が高いと、たねが散らばる原因になります。たねは1個分ずつ、ひと呼吸おきながら入れていくのが、温度をキープするコツ。あとは火力で調整します。

作り方

1. Aのえびは背ワタ、殻、尾を取り、1cm長さのコロコロに切る。みつばは2cm長さに切る。
2. Bのまいたけは少し大きめに裂く。ちくわは5mm厚さの輪切りにする。
3. 衣の卵と水を合わせて3/4カップにして、薄力粉とざっと混ぜる。粉のダマが残っていてもよい。
4. 衣の半量を別のボウルに移し、1のえびとみつばを加えて、ざっくりと混ぜる（写真1）。
5. 揚げ油を170℃に熱し、4を大きめのスプーンで静かに次々落としていく。鍋の縁に向けて流し込むようにすると散りにくい。1〜2分待って、衣が落ち着いて全体にしっかりしてきたら、時々空気に触れさせながら、カリッと揚げる（写真2）。よく油をきって引き上げる。
6. 残り半量の衣に2のまいたけとちくわを加えてざっくりと混ぜ、5と同じ要領でカリッと揚げる。
7. 揚げている間に天つゆを作る。だし汁を火にかけてフツフツしてきたら、弱火にして調味料を加え、フツッときたら火を止める。これを揚げたてのかき揚げに添える。

1 粘りが出ないようにざっくりと混ぜる。まず、油がきれいなうちに、色を残したいえびとみつばの組み合わせから揚げる。

2 くずれるので衣が固まるまでは菜箸でさわらないこと。空気に触れさせながら揚げると、水分がよく蒸発してカリッと揚がる。

丼にしてもおいしい
えびとみつば、
まいたけとちくわの2種

ぶりの照り焼き風

フライパンですぐできるので、
時間がないときにも。

材料（4人分）

ぶり…………………………………4切れ
生しいたけ…………………………4枚(50g)
長ねぎ………………………………………1本
サラダ油………………………………小さじ1
たれ
┌しょうゆ……………………………大さじ2
│みりん………………………………大さじ2
└砂糖…………………………………大さじ1/2

作り方

1. しいたけは石づきを切り落とし、2～4つに切る。ねぎは3㎝長さに切る。ぶりは水けをふく。バットにたれの材料を合わせておく。
2. フライパンを中火で熱して油をひき、ぶりを並べて焼く。フライパンを時々揺すって、ぶりが自然に動き、フライ返しがスッと入ったら裏返す。途中、脂が出てきたらふき取る。
3. フライパンのあいているところに野菜を並べ、ふたをして弱火で焼く（写真）。ぶりに火が通ったら、合わせておいたたれにつけ、両面にからめる。野菜は焼けた順に取り出し、たれにつけてからめる。
4. ぶりと野菜を器に盛る。たれを小鍋に移して煮立てる。ピカッとつやをつけ、ぶりにかける。

ふたをして弱火にすると、焦げつかず、かたくしまらずに火が通る。

カツ代ロジック

なぜ「照り焼き風」かというと、フライパンで焼いて、たれにつける焼きづけだから。照り焼きにありがちな、焦げる失敗を防げます。たれがしみやすいように、焼いたものからアツアツのうちにつけていきます。

じゃがいもと たらのグラタン

たらの塩けと、じゃがいものとろみ、
市販のソースも活用して手軽に。

材料（4人分）

甘塩たら……………………3〜4切れ（300g）
じゃがいも（メークイン）……………4個（400g）
水…………………………………1と1/2カップ
ホワイトソース（缶詰）……………1缶（400ml）
牛乳…………………………………1カップ
マッシュルーム（スライス、缶詰）……1缶（190g）
塩、こしょう……………………………各適量
バター…………………………………大さじ2

作り方

1. たらは一口大のそぎ切りにし、骨と皮ははずす。
2. 鍋に分量の水を入れ、そこにじゃがいもをスライサーで薄切りにしながら加える。表面を平らにし、ふたをして中火にかけ、5〜6分煮る。
3. ホワイトソース、牛乳を加え（写真）、さらに缶汁をきったマッシュルームを加えて弱火にし、ていねいに混ぜる。再びフツフツしてきたら塩、こしょうで味を調え、火を止める。
4. 耐熱容器の中を水でぬらして3の半量を入れ、上にたらを均一に並べる。残りの3を流し、バターをちぎってのせる。
5. オーブンに4を入れ、200℃で20〜30分、こんがりと焼く。

ホワイトソースを鍋に加えたら、ソースの缶に牛乳を注ぎ、ゆすぐようにして、これも鍋に加える。缶詰の中身を使いきるコツ。

カツ代ロジック

スライスしたじゃがいもを煮る水に直接入れていくと、じゃがいものでんぷん質が生かされ、それがとろみになります。メークインはでこぼこが少ないから、ピーラーですぐに皮がむけるし、スライスもほぼ同じ大きさにそろうのがいいんです。

ホックホク〜だけど食べやすい

あさりの酒蒸し

なんといっても、スピーディー。
「ご飯だよーっ」と声をかけてから、
火にかけても間に合うのがいいね。

カツ代ロジック

あさりは砂抜きしたものが便利ですが、それでもしつこく塩水につけて砂抜きを。口に入れたときに、ジャリッなんてことがなくなります。買ってきたら、ヒタヒタの塩水に60分ほどつけて、砂を吐かせます。(120ページも参照)

材料(4人分)

あさり(砂抜きしたもの)	400g
赤とうがらし	1～2本
酒	1/2カップ
細ねぎ(2cm長さに切る)	2～3本分
しょうゆ	適量

作り方

1. あさりは殻を塩でよく洗い、塩水につけて砂抜きする(120ページの「カツ代ロジック」参照)。水洗いして、水けをきる。
2. 鍋に水けをきったあさり、赤とうがらし、酒を加え、ぴったりとふたをして強めの中火にかける。5分程煮て全部口が開いたらでき上がり。
3. アツアツのうちに細ねぎを加え、ひと混ぜしてから汁ごと器に盛る。しょうゆをチョロリとかけて食べる。

かにたま

外は色よく、中は
ふんわり焼けたら大成功。
形は多少いびつでも OK。

材料（4人分）

卵		8個
かに（缶詰）		小1缶（55g）
ゆでたけのこ		50g
しょうが		少々
甘酢あん		
A	砂糖	大さじ1と1/2
A	薄口しょうゆ	大さじ1と1/2
A	酢	大さじ1と1/2
B	かたくり粉	大さじ1
B	水	大さじ1
ごま油、酒、塩		各適量

カツ代ロジック

熱した中華鍋に油を入れ、卵液を一気に流し、ぐるりぐるりと空気を入れるように大きく手早くかき混ぜます。これがふんわりのコツ。

作り方

1. 甘酢あんを作っておく。Aと水1カップを鍋に入れて中火にかけ、フツフツしてきたら、Bの水溶きかたくり粉を加えて混ぜ、再びフツフツしてとろーっとしたら、火を止めてごま油少々を加える。
2. かには缶汁をきって（缶汁は汁物に利用するとよい）、軟骨などを除いて粗めにほぐす。たけのこは2cm長さのせん切りにする。しょうがもせん切りにする。これらの具を4等分する。
3. 卵は1人分ずつ焼く。卵2個を割りほぐして、酒小さじ1/2、塩ひとつまみ、2の具を加えて混ぜる。
4. 中華鍋を熱してごま油大さじ1/2を回し入れ、3の卵を一気に流す。まわりがブクブクしてきたら、箸で大きくかき混ぜる。まわりが少し固まり、表面が生っぽいうちにフライ返しで裏返し、色づくぐらい焼き、形を整える。焼けたら、すぐ皿に移す。同様に残り3人分も焼く。
5. それぞれに1の甘酢あんをかけ、好みで紅しょうがを添える。

湯せん茶碗蒸し

つるるんとしたやさしい口当たり。
口の中にだしのうまみが広がります。

材料（4人分）

具

- 鶏ささ身……………………1本（50g）
- 薄口しょうゆ………………小さじ1/2
- えび……………………………小4尾
- えのきだけ……………………20g
- かまぼこ（薄切り）…………4枚
- ゆでぎんなん…………………4～8個

卵液

- 卵…………………………………3個
- だし汁（冷ます）……………2カップ
- 薄口しょうゆ………………小さじ1
- 塩……………………………小さじ1/2

みつば（ざく切り）………………少々
柚子の皮（薄くそぐ）……………4枚

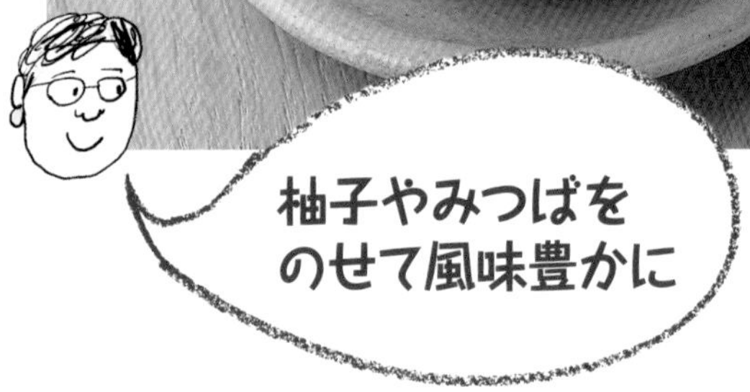

作り方

1. 具の鶏ささ身は一口大のそぎ切りにして、薄口しょうゆで下味をつけておく。えびは殻をむき、背ワタがあれば取る。えのきだけは2cm長さに切る。
2. ボウルに卵液の卵を割りほぐし、だし汁と調味料を静かに混ぜ合わせる。
3. 蒸し茶碗の中を水でぬらし、具をそれぞれ等分して入れ、2の卵液を八分目まで注ぐ。
4. 鍋に3の茶碗を並べ入れ、水を茶碗の1/3ぐらいの高さまで入れる。ふたにふきんをかませてのせ、ごく弱火にかけて15分湯せん蒸しにする。
5. 竹串を刺して、濁った汁が出てこなければ蒸し上がり。ふたをはずし、注意して取り出し、みつばと柚子の皮をのせる。

カツ代ロジック

鍋は茶碗がすっぽり入って、鍋肌にくっつかない大きさのものを選びます。水を入れるときは茶碗に入らないように静かに注いで。水の量は、茶碗の1/3ぐらいの高さまで。多く入れすぎるとすが入りやすくなるので注意しましょう。

麻婆《マーボー》豆腐

いくらでもご飯が進む最強おかず。
豆腐は絹ごしでも木綿でもお好みで。

材料（4人分）

	豆腐	2～3丁（800～900g）
	豚ひき肉	150g
	にら	1/2把（50g）
A	長ねぎ（みじん切り）	15cm分
A	しょうが（みじん切り）	小さじ1
A	にんにく（みじん切り）	小さじ1
合わせ調味料		
	みそ（あれば赤みそ）	大さじ1
	しょうゆ	大さじ2
	酒	大さじ2
	砂糖	小さじ1/2
	豆板醤《トウバンジャン》	小さじ1/2
	オイスターソース	小さじ1
B	かたくり粉	大さじ1
B	水	大さじ1
	ごま油	適量
	湯または水	1/2～1カップ

カツ代ロジック

炒め物はスピード勝負！だから火にかける前に材料はすべてそろえておきます。そして、合わせ調味料は、ひき肉を炒めて肉の色が変わる前に加えること。肉に調味料をよくなじませてしっかり味をつけておくと、豆腐を加えてもぼんやりした味にはなりません。

作り方

1. 豆腐は2cm角に切る。グラグラ沸かした湯でサッとゆでて、水けをきる。にらは細かく刻む。
2. 合わせ調味料は混ぜておく。Bも混ぜておく。
3. 中華鍋かフライパンにごま油大さじ1を入れて中火にかけ、すぐにAの香味野菜を入れ、ゆっくりと炒める。いい香りがしてきたら、ひき肉を加えて炒める。肉の色が変わり始めたら、合わせ調味料を入れて炒め、肉にコテッと味をつける。
4. 強火にして1の豆腐を加え、ひと混ぜして分量の湯を注ぎ入れる。時々全体を混ぜながら少し煮て、豆腐がアツアツになったら、にらを加える。Bの水溶きかたくり粉をもう一度混ぜて回し入れ、フツフツしてとろみがついたら火を止め、ごま油小さじ1/2を香りづけに加える。

ポークビーンズ

金時豆を使いましたが、お好みの豆でかまいません。豆をもどすのが面倒なら、缶詰などを使ってもいいけれど、豆からコトコト煮たものはやっぱりおいしい。

材料（4人分）

金時豆（乾燥）……………………1カップ（150g）
玉ねぎ（みじん切り）…………………1/2個分
豚ひき肉……………………………………100g
サラダ油…………………………………大さじ1

A
- 水……………………………………1/2カップ
- トマトジュース（無塩または低塩）……1カップ
- 固形スープの素…………………………1個
- トマトケチャップ…………………大さじ2
- ウスターソース……………………大さじ1
- 塩…………………………………小さじ1/2
- マスタード…………………………小さじ1
- オレガノ（乾燥）………………………少々
- パプリカ（あれば）………………小さじ1

作り方

① 豆は洗って鍋に入れ、熱湯をたっぷり注ぎ、ふたをして8時間以上おいてもどす（写真1）（5〜10月は腐りやすいので、冷めたら冷蔵庫に入れる）。

② 1の豆の鍋を中火にかける。フツフツしてきたら弱火にして、やわらかくなるまで60分ほどゆでる。

③ 厚手の鍋に油を熱し、玉ねぎとひき肉を加えて炒める。肉に火が通ったら、Aの材料を次々に加え、2の豆をゆで汁をきって加える（写真2）。表面を平らにし、ふたをして弱火で20分ほど煮込む。

カツ代ロジック

時間のないときは、加熱済みの豆を使っても。金時豆はゆでると、重量が2.2倍になるので、300〜350gほど用意します。キドニービーンズ、ひよこ豆、白いんげん豆など、好みの豆でOK。そのときは、作り方の③から始めます。

1 一晩おいてもどした状態。熱湯でかなりやわらかくなるので、ゆでる時間をぐっと短縮できます。

2 豆を入れたら、あとは煮込むだけ。缶詰やドライパックを使うときは、ここで汁をきって加える。

日本に昔からある豆で

昔、豆といえば甘い煮豆ばかりでしたが、いろいろな国の料理が入ってきました。ポークビーンズもその一つ。日本に昔からある、白いんげんまめ、金時豆、うずら豆など、いずれでもおいしく作れます。日本はもともと豆料理の国、豆を煮る楽しみも感じてほしいな。

白いんげん豆

金時豆

ご飯に
よく合うように
ちょっと煮くずれさせます

台所道具

カツ代さんの思い出 1

私の仕事場の台所道具の８割はカツ代さんが長年使ったものを、そのまま引き継いで使っています。

一番古い道具は、カツ代さんが結婚するときに大阪のお母さんが持たせた包丁。弟子入りしたときからその包丁を使わせてもらい、私自身が結婚したときに、そのままその包丁をもらいました。『堺一文字』と彫られた、よく切れる包丁で、せん切りの切り口がとてもきれいなので毎日使っていたのに、ある日、柄が完全に取れてしまいました。いくつかの包丁店に持ち込んだけれど、修理はＮＯ。もしかしたらと、骨董屋を営んでいた大嶌さんという方のところに持っていったら、戦後当時の包丁らしい柄をつけ、直してくれました。その包丁はいまも私の一番手の包丁として、毎日活躍しています。カツ代さんが結婚したのは62年前ですから、ずいぶんと長い間働いていることになります。

写真の鉄鍋は、カツ代さんの子どもたちが幼稚園時代に中華街で買ったとエッセイにあるので、おそらく45年ぐらいは使っています。カツ代さんは最後まで、よっぽどのことでなければフッ素樹脂加工のフライパンと電子レンジで料理を作ることはしませんでした。

時短料理を得意とするのになぜか……。肉を鉄のフライパンと樹脂加工のフライパンで焼き比べたとき、明らかに鉄で焼いたほうがおいしいという単純な理由。レンジも同じ理由で、温めるというレンジにとって一番得意なことのみにしか使用しませんでした。

その道具を必要としている人もいるだろうし、でき上がったものを温めるにはレンジが便利だということは認めていました。ただ、どちらも40年も50年も使えるものではありません。樹脂加工のフライパンに関しては、寿命は短く、リサイクルできず、土に還ることもない。捨てなきゃいけないとわかっている道具を簡単な気持ちで使いたくないという思いがあったのでしょう。「料理なんて簡単簡単」とケラケラ笑いながらも、地球を慈しむ愛情が人一倍深い人でした。

いまも、台所という場所に、使い心地のいい道具に、カツ代さんの魂が宿り、生きているように感じています。

半世紀近く活躍している鉄製の揚げ鍋。

第3章

家にある食材をその日の気分で。野菜不足も解消できます。

サブおかず

野菜１つで超簡単に作れるものから、主菜がちょっと物足りないときにお役立ちのレシピまで。
煮物、炒め物、サラダ、あえ物など、調理法もバラエティー豊か。

なすの煮物

この煮物はアツアツよりも
冷めたほうがおいしいので
前日に煮て冷蔵庫で冷たーくしても。

材料（4人分）

なす……………………………………6個
油揚げ…………………………………2枚
だし汁……………………………2カップ
A 酒……………………………大さじ1
A みりん………………………大さじ1と1/2
A しょうゆ……………………大さじ1と1/2
●塩

作り方

1. なすはヘタを切り落として縦半分に切り、皮に斜めに浅く細かい切り目を入れる（写真1）。海水くらいの塩水につけ、落としぶたをして10分ほどおく（写真2）。
2. 油揚げは湯でざっと洗ってそっと絞る。長さを3つに切り、さらに斜めに切って三角形にする。
3. 鍋にAを入れて煮立て、油揚げを加えて中火で2～3分煮る。
4. だし汁となすを加えて表面を平らにし、ふたをして強めの中火で10～15分煮る。火を止め、そのまま冷めるまでおいて味を含ませる。

1 なすの皮に切り目を入れると、味がしみやすくなる。

2 塩水に浸してアクを抜く。空気に触れると変色するので、落としぶたをする。

カツ代ロジック

かつては、油揚げは熱湯でゆがいて油抜きをしていましたが、近ごろの油揚げはそんなに悪い油で揚げていないので、ぬるま湯で洗うだけで十分。煮物などに使うときはやや大きめに切ります。

かぼちゃの煮物

煮汁に入れてふたをして、中火で8～10分煮るだけ。水の量をヒタヒタにするのが煮くずれさせないコツ。

材料（4人分）

	かぼちゃ	1/4個（400g）
A	水	1と1/2カップ
A	みりん	大さじ1
A	砂糖	大さじ1
A	塩	小さじ1/2
A	しょうゆ	小さじ1

カツ代ロジック

煮汁は多すぎず、少なすぎずのヒタヒタで。ちょいと残っているぐらいの汁加減で火を止めると、かぼちゃがその汁を吸ってしっとり仕上がります。かぼちゃがきっちり並べられるぐらいの大きさの鍋を使い、皮側を下にして並べると、鍋の中で踊らないので煮くずれしにくい。

作り方

1. かぼちゃはスプーンで種とワタを取り、ところどころ皮をむき、3～4cm角に切る。
2. 鍋にAを入れ、かぼちゃの皮側を下にして並べる。
3. 鍋を中火にかけ、ふたをして8～10分煮る。竹串がスッと通ったら火を止め、ふたをしたままおいて味を含ませる。

定番の煮物は意外に簡単！

里芋の含め煮

薄味で煮た里芋に、ゆずやすだちの
皮をふって。シンプルに煮て
秋の芋のおいしさを満喫。

カツ代ロジック

里芋は買ってきたら、ザブッと水洗いしてざるに上げ、日陰で１日ほど干します。袋に入れたままや泥付きのままだと、すぐにいたみます。きれいにして乾燥させ、紙袋に入れておくと、作るときにすぐ皮をむくことができるし、水けでぬめりが出ることもないので、手がヌルヌル、カユカユになりません。

材料（4人分）

里芋……400g
昆布……10cm
A
- だし汁……1カップ
- 酒……大さじ1
- みりん……大さじ1
- 薄口しょうゆ……大さじ1
- しょうゆ……大さじ1

青ゆず、またはすだち（皮をすりおろす）……少々

作り方

1. 里芋は皮をむき、ざっと洗う。大きければ半分に切る。
2. 鍋に昆布を敷き、Aを入れる。里芋を並べ入れ、ふたをして中火にかけ、フツフツしてきたら火を弱めて15分煮る。
3. 竹串がスッと通ったら、ふたをしたまま火を止め、5分ほどおいて煮汁を含ませる。
4. 煮汁ごと器に盛り、すだちの皮のすりおろしを散らす。青柚子の皮のすりおろしでもよい。

大根の田舎煮

煮干しと昆布を入れ、
しょうゆと酒だけで煮る、素朴なおいしさ。

土鍋に材料を
全部入れて煮るだけ

カツ代ロジック

大根を下ゆでしない煮物は、苦みの少ない冬大根が向いています。1切れだけ半分に切るのは、途中の味見用。大きいのをガブリとすると減っちゃうので……。

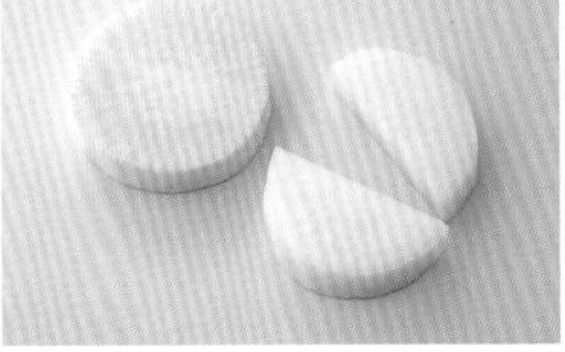

土鍋でコトコト火を通します。

材料（4人分）

- 大根……16～20cm
- 煮干し……6～8尾
- 昆布（10cm）……2枚
- A
  - 水……2～3カップ
  - しょうゆ……大さじ1
  - 酒……大さじ1

作り方

1. 大根は皮をむき、2cm厚さの輪切りにする。1切れだけを半分に切る。煮干しは頭とハラワタを除く。
2. 土鍋、または厚手の鍋に昆布を敷き、煮干しと大根を並べ入れて、Aを加え、強火にかける（写真）。
3. フツフツしてきたら、ふたをして弱火にし、30分くらい煮る。いつも煮汁がヒタヒタの状態になるように、足りなくなったらそのつど湯を足す。
4. 竹串がスッと通ったら火を止める。ふたをしたまま冷まして味を含ませる。

わかめとじゃこの梅煮

汁物代わりにもなる煮びたし風のさっぱり煮。
何の変哲もない食材の組み合わせですが、相性は抜群。

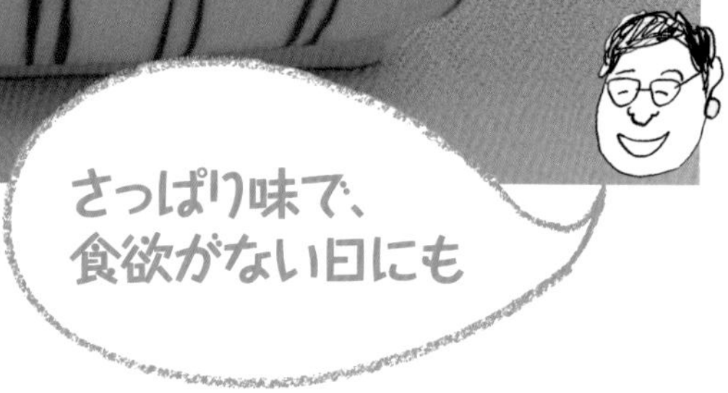

材料（4人分）

わかめ（乾燥・カットわかめ）………… 15～20g

A
- 水……………………………………2カップ
- ちりめんじゃこ……………………大さじ4
- 梅干し………………………………大1個
- 薄口しょうゆ………………………小さじ2
- 酒……………………………………大さじ1

作り方

1. わかめはサッと水につけてもどし、よく水洗いする。
2. Aを鍋に入れて強火にかけ、フツフツしてきたらわかめを加えて、ガーッと2～3分煮る。
3. 汁ごと器に盛る。梅干しは種を除いて粗めにほぐして盛るとよい。冷やして食べてもおいしい。

カツ代ロジック

味つけに薄口しょうゆを使いました。色は淡いですが、濃口よりも塩けが強いのが特徴。素材の色を生かし、香りがやさしく、あっさりしているので、素材の味やだしの風味を引き立てます。煮物やあえ物、吸い物などに使います。

あっさりひじき

ひじき、しらたき、しいたけの
最強のヘルシー食材トリオで作る、
キッチンスタジオでも人気のレシピ。

カツ代ロジック

しいたけとしらたきはしっかりと炒めて余分な水分をとばすと、引き締まった味に。すぐに食べるよりも、冷めるまでおいたほうが味がしみておいしくなります。

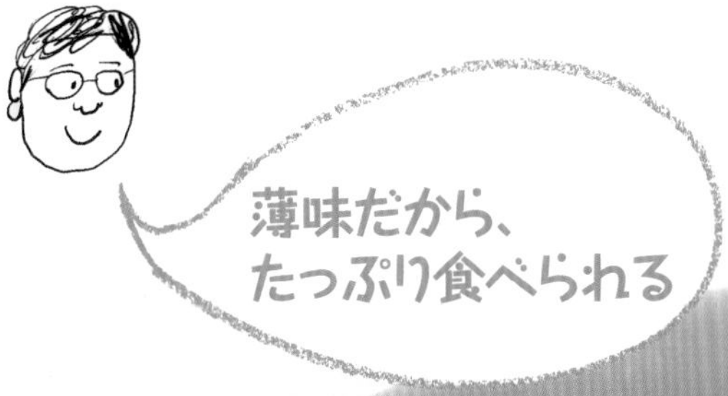

材料（4人分）

ひじき（乾燥）……………………………1カップ
しらたき…………………………………1袋
干ししいたけ……………………………4枚
ごま油……………………………………大さじ1

A
- だし汁（濃いめ）……………………1カップ
- しいたけのもどし汁…………………1カップ
- 砂糖………………………………大さじ1
- みりん………………………………大さじ1
- しょうゆ……………………………大さじ2
- 酒…………………………………大さじ2

作り方

1. 干ししいたけは、水またはぬるま湯でもどし、軸を除いて薄切りにする。もどし汁は煮汁に使う。
2. ひじきは袋の表示どおりにもどし、熱湯で軽くゆでて水けをきる。しらたきはよく水洗いして、食べやすい長さに切る。
3. 鍋にごま油を熱して、しいたけとしらたきを強火でよく炒める。しいたけのいい香りがしてきたらAを加える。フツフツしているところにひじきを加えて、ふたをして中火で10～15分煮る。火を止め、粗熱が取れるまでそのままおく。

かぶの葉の煮物

かぶは葉も捨てずに青菜として活用して。
煮干しはだしをとるだけでなく、
そのまま具として一緒に食べても。

材料（4人分）

かぶの葉……………………………1把分
煮干し……………………………6～8尾
にんじん……………………………5㎝
油揚げ……………………………1枚
水……………………………1と1/2カップ
A ┌酒……………………………大さじ2
　│塩……………………………小さじ1/2
　│しょうゆ……………………………小さじ2
　└砂糖……………………………小さじ2

作り方

1. 煮干しは頭とハラワタを除く。かぶの葉は4cm長さのざく切り、にんじんは細切り、油揚げは1cm幅に切る。
2. 鍋に分量の水、Aの調味料を入れ、煮干し、油揚げ、にんじん、かぶの葉の順に重ね入れ、ふたをして強めの中火にかける（写真1）。フツフツ煮立ってきたら中火にして7～8分煮る（写真2）。

1 山盛りに葉を重ねて、ふたをして煮る。

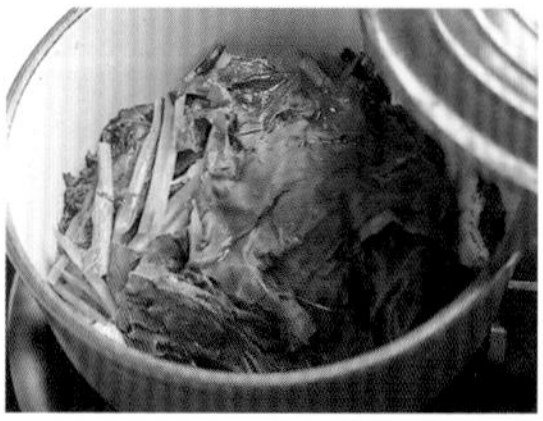

2 ふたをすることでむらなくすぐ火が通り、かさが1/4ほどになる。

カツ代ロジック

かぶは、買ってきたらすぐにかぶと葉を切り離しておくのが葉を新鮮に保つポイント。そのままにしておくと、かぶに栄養を吸収されて葉が黄色くなってしまいます。

かぶの甘酢漬け

家にある手頃な調味料で
チャチャチャッと作れます。

カツ代ロジック

すぐできるサラダ感覚の漬け物です。重しをして軽く漬けるあいだにメインのおかずを作っちゃいましょう。多めに作って冷蔵庫に入れておくと、翌日にはしっかり味がしみて本格漬け物が楽しめます。

材料（4人分）

かぶ……………………2～3個（400～500g）

A
- 塩……………………………小さじ1/2
- 米酢…………………………大さじ1
- 砂糖…………………………小さじ1
- 赤とうがらし（輪切り）…………………少々

作り方

1. かぶは皮ごと縦半分にしてから薄切りにする。
2. かぶをボウルに入れ、Aを加え、全体をざっとあえる。皿3枚ほどを重しにして、15分ほど漬ける。
●隠し味に、昆布茶少々を入れてもおいしい。

ごちそうサラダ

この野菜の量、びっくりするでしょ。
夏の暑い日、火を使いたくないなという日は
このサラダをメインにしても。

材料（4〜5人分）

玉ねぎ……………………………1/4 個
きゅうり……………………………1 本
セロリ………………………………1 本
トマト………………………………1 個
パセリ………………………………適量
クレソン……………………………1 把
レタス類…………………………5 〜 6 枚
ハム（薄切り）……………………100g
プロセスチーズ（1cm厚さ）………2 枚
にんにく（香りづけ用）……………少々

ドレッシング

- 塩……………………………小さじ 1
- 砂糖…………………………小さじ 1
- こしょう……………………………少々
- 粉がらし……………………………少々
- レモン汁…………………………1/2 個分
- 米酢…………………………大さじ 2
- サラダ油……………………大さじ 3

作り方

1. 玉ねぎは繊維に沿って薄切りにする。きゅうりはすりこ木などで軽くたたき、手で裂く。セロリは筋を取り、一口大の斜め薄切りにする。トマトは2cm角に切る。
2. パセリ、クレソンは食べやすい大きさにちぎる。レタス類は洗って水けをきる。チーズは1cm角に切る。ハムは食べやすい大きさに切る。
3. 大きいボウルにドレッシングの材料を順に入れていき、ササッと混ぜる。ボウルの内側に、半分に切ったにんにくの切り口をこすりつける（写真1）。
4. 3に野菜を材料表の順に加えてあえる。（写真2）。ハム、チーズも加えてあえる。

カツ代ロジック

大量の野菜もドレッシングであえると、かさがぐっと減ります。香りの強い野菜やかたい野菜から入れます。今回のサラダなら、玉ねぎ、パセリ、きゅうり、セロリを先に順にあえていきます。香りがほかの野菜に移り、かたいものは味がよくなじみます。

1 にんにくの切り口をボウルにこすりつけると、ほのかに香って上品な仕上がりになる。

2 レタス類は食べやすい大きさにちぎりながら加えてふわっとあえる。

山盛りの野菜も
ドレッシングで
あえるとかさが減る

温野菜のディップサラダ

野菜ってそれぞれの形も
美しいけれど切ってもアート。
素材をフルに生かしたこんな一皿は
料理の基本ともいえますね。

材料（4人分）

にんじん……………… 適量
大根……………………… 適量
れんこん………………… 適量
ブロッコリー…………… 適量
カリフラワー…………… 適量
（いずれかの好みの野菜）

オーロラソース

- マヨネーズ……………………… 大さじ2
- トマトケチャップ……………… 大さじ1
- 牛乳……………………… 大さじ1～2

クリームチーズソース

- クリームチーズ………………………… 50g
- 牛乳…………………………………… 大さじ2
- レモン汁……………………………… 小さじ1
- こしょう…………………………………… 少々

ヨーグルトソース

- プレーンヨーグルト（無糖）……… 1/2カップ
- セロリの葉（みじん切り）……………… 適量
- マスタード…………………………… 小さじ1/2

●塩

作り方

1. にんじんは1cm厚さの輪切りにする。大根は1cm厚さの半月切りにする。れんこんは1cm厚さの輪切りにし、大きければ半分に切る。
2. ブロッコリーとカリフラワーは小房に切り分ける。ブロッコリーの茎の部分は厚く皮をむき、やわらかい部分は食べやすい大きさに切る。
3. 1、2の野菜を塩少々を加えた熱湯に入れ、それぞれほどよいかたさにゆでる。ゆでた野菜は、ざるにとって水けをきり、形よく器に盛る。
4. それぞれのソースの材料を混ぜ合わせてなめらかなディップにし、3に添える。

カツ代ロジック

カリフラワーとブロッコリーは色は違えど扱い方はほとんど同じ。同じ鍋に入れて一緒にゆでても問題はありません。また、ブロッコリーはゆでる湯の量で少々味が異なります。ごく少なめの湯で蒸しゆでに近いゆで方だと緑の味が濃く仕上がり、たっぷりの湯でゆでるとさっぱりします。お好きな湯の量でゆでてください。

トマトサラダ

丸ごとのトマトをスプーンで
くずして食べます。

材料（4人分）

完熟トマト……………………小4個（400g）

ドレッシング

- 塩……………………………小さじ1/2
- 砂糖…………………………小さじ2
- 米酢…………………………大さじ1
- オリーブ油…………………大さじ1

青じそ…………………………適量

作り方

1. トマトは湯むきにする。湯むきの方法は、湯を沸かし、トマトを8～10秒入れて、すぐ水にとり、皮をむいてヘタをくりぬく。ドレッシングの材料は合わせておく。
2. 器に青じそを敷いてトマトを盛り、ドレッシングをかける。冷蔵庫で冷やす場合は、ドレッシングをかけて冷やす。青じそは盛るときに添える。

コールスロー サラダ

肉料理の副菜にもぴったり。
新キャベツで作るとおいしい。

材料（4人分）

キャベツ………………………1/4個（300g）
玉ねぎ…………………………1/4個（50g）
にんじん………………………5cm（50g）
塩………………………………小さじ1/4
こしょう………………………少々
マヨネーズ……………………大さじ4

作り方

1. キャベツは細切りにする。春キャベツの場合は、葉そのものがやわらかいので、少し太めの細切りにする。玉ねぎは薄切り、にんじんは斜め薄切りにしてから、せん切りにする。
2. 野菜をボウルに入れ、全体に塩、こしょうをふってホワッホワッと大きく混ぜて、そのまま10分ぐらいおく。マヨネーズを加えて全体をあえる。

肉入りで
ボリューム
たっぷり

ひき肉ともやしのサラダ

カレーとしょうゆの風味が
ご飯にぴったり。
節約食材のもやしで作れて主菜が
物足りないときにも重宝する一品。

カツ代ロジック

もやしは冷蔵庫に入れておいても、時間がたつと色が悪くなって味が落ちるので、買ったその日に使わないときは、ゆでて保存するとよいでしょう。味が落ちずにサラダなどにすぐ使えます。ゆでたもやしにしょうゆをかければおひたしにも。

材料（4人分）

	豚ひき肉	200g
	もやし	1袋（200g）
	にんじん	1/2本
A	にんにく（すりおろす）	少々
A	カレー粉	小さじ1
A	塩	小さじ1/2
A	しょうゆ	大さじ1
A	サラダ油	小さじ1

作り方

1. にんじんはもやしぐらいの太さの細切りにし、もやしと一緒に熱湯でサッとゆで、ざるに上げて冷ます。
2. ひき肉は鍋に入れ、かぶるぐらいの熱湯で4～5分ゆでて火を通す。湯をきって、鍋に戻し、水分をとばすようにいりつける。
3. ボウルにAの材料を合わせ、2のひき肉を加えて味をからめる。ここに1のもやしとにんじんを加えてあえ、器に盛る。好みで、酢やラー油をふって食べる。

レタスだけのサラダ

レタスはみずみずしさと食感が身上。
ざっくりとあえて、つぶさないように。

材料（4人分）

	レタス	1/2個
A	にんにく（すりおろす）	少々
A	砂糖	少々
A	しょうゆ	大さじ1
A	米酢	大さじ1
A	ごま油	小さじ1
	いりごま（白）	大さじ1

作り方

1. ボウルにAの材料を入れ、ササッと混ぜてドレッシングを作る。そこにレタスを大きめの一口大にちぎって加える。
2. ごまも加え、ざっくりと大きくあえてドレッシングをからめる。

キャベツの赤じそ漬け

箸休めにぴったりの即席漬け。
薄切りのかぶで作っても。

材料（4人分）

キャベツ	4枚
塩	小さじ1/2弱
赤じそふりかけ	大さじ1
酢	小さじ2

作り方

1. キャベツは5㎜幅の細切りにする。ボウルに入れて塩をふり、手で軽くもむ。
2. かさが半分ぐらいに減ったら、赤じそふりかけと酢を加えてざっと混ぜる。時間があれば、冷蔵庫に入れて味をなじませるとおいしい。

かぼちゃのサラダ

甘くてホクホクのかぼちゃを
マヨネーズと牛乳であえてまろやかに。
かぼちゃとレーズンも相性よし。

カツ代ロジック

白いご飯の和風献立のときは、レーズンは省略して、シナモンもふりません。そのほうがよく合います。料理は応用自在でなくっちゃね。

かぼちゃは切り口の平らな部分を下にして安定させ、削るように包丁で皮をそぎ取る。

材料（4人分）

	かぼちゃ	1/4 個（300g）
A	塩	小さじ 1/4
A	砂糖	少々
A	マヨネーズ	大さじ 2
A	牛乳	大さじ 1 ～ 2
	レーズン	大さじ 1
	シナモン（粉末）	少々

作り方

1. かぼちゃは種を除いて皮をむき（写真）、一口大に切る。
2. 鍋にかぼちゃを入れて水をヒタヒタに加え、ふたをして約10分、火が通るまでゆでる。ゆで汁を捨てて再び火にかけ、完全に水分をとばし、冷ましておく。
3. ボウルにAの材料を入れて合わせ、2のかぼちゃとレーズンを加えてあえる。器に盛ってシナモンをふる。

青菜の ゆで炒め

炒めたように仕上がるゆで炒め。
手早く湯から引き上げて
シャキッと歯ごたえがあるうちに食べて。

カツ代ロジック

お湯に油を入れることで沸点が上がり、お湯だけよりも高温で野菜をゆでられるので、短時間で火が通り、歯ごたえも残ります。小松菜のほかに、ほうれんそう、チンゲンサイ、ターサイ、菜の花などの青菜もゆで炒めができます。ベーコンがないときは、代わりに少量の肉やソーセージを使ってもOK。

材料（4人分）

小松菜……1/2～1把
ベーコン……2枚(50g)
水……3カップ
塩……小さじ1/2
サラダ油……小さじ2

作り方

1. 小松菜は6cm長さに切る。ベーコンは2cm幅に切る。
2. 中華鍋、または鍋に分量の水を入れて火にかけ、フツフツ煮立ってきたら、塩とサラダ油を加える。
3. 2にベーコン、小松菜の茎、葉の順に加え、色鮮やかにゆで上がったら、網じゃくしで引き上げ（写真）、皿に盛る。好みでしょうゆをかけて食べる。

手早く引き上げ、すぐ食べるとシャキッとした歯ごたえに。

ふんわりにらたま

材料を全部混ぜてから一気に炒める、超スピード仕上げ。
香りの強いにらを卵が
やさしく包む。

材料（4人分）

にら	1把（100g）
卵	3個
だし汁（冷たいもの）	1/2カップ
薄口しょうゆ	小さじ2
ごま油	大さじ1

作り方

1. にらは3cm長さに切る。
2. ボウルに卵を割り入れ、泡立てないようにざっくりほぐす。だし汁、薄口しょうゆを加えて混ぜ、1のにらも混ぜる。
3. フライパンを強めの中火にかける。熱くなったらごま油を回し入れ、2を一気に流し入れ、まわりが固まったら、フライ返しなどで、空気を入れるように大きく混ぜてふんわりと仕上げ（写真）、火を止めてすぐ器に盛る。

カツ代ロジック

多少炒めすぎても、卵がなぜかふんわりで失敗知らず。その秘密は卵にだし汁を入れるから。卵は作る直前に割りほぐすとコシがなくなりません。泡立てないようにざっくり混ぜるのもコシをなくさないコツです。

空気を入れるように大きく混ぜると、卵がやわらかく仕上がる。

きんぴらごぼう

砂糖としょうゆのシンプル調味で
昔ながらの江戸風の甘辛味に。
作りおきして安心の常備菜。

材料（4人分）

ごぼう	20㎝(100g)
にんじん	1本(100g)
ごま油	大さじ1強
赤とうがらし	1本
砂糖	大さじ1と1/2
しょうゆ	大さじ1と1/2

作り方

1. ごぼうは5㎝長さの細切りにし、水でサッと洗う。にんじんもごぼうと同じような太さの細切りにする。
2. 鍋にごま油、赤とうがらしを入れて火にかけ、ごぼうとにんじんを加えて強火で炒める。
3. 全体に火が通ったら、いったん火を止める。砂糖、しょうゆを加え(写真)、再び強火にかけて手早く味をからめ、火を止める。好みでいりごまをふってもよい。

焦げつきを防ぐため、いったん火を止めて、砂糖としょうゆを加える。

カツ代ロジック

歯ごたえを残すために、ごぼうもにんじんもマッチ棒の太さよりも細くならないように切ってください。火を通すときは、ごま油を多めにして強火で炒めると、つややかでシャキッとした、歯ごたえのいい元気なきんぴらになります。

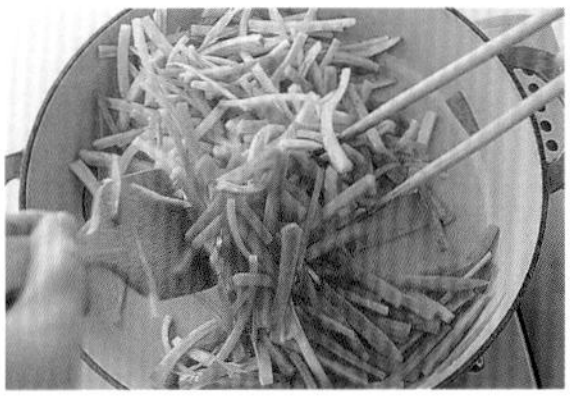

常備菜の定番。
あと一品ほしいときに

なすの鍋しぎ

こっくりみそ味で、
白いご飯と相性抜群の夏おかず。
しその風味もさわやか。

材料（4人分）

なす……………………5個(400～500g)
ピーマン……………………3個(50g)
青じそ……………………5枚
ごま油……………………大さじ2

合わせみそ

- 赤みそ……………………大さじ1
- 砂糖……………………大さじ1
- 酒……………………大さじ1
- しょうゆ……………………小さじ1/2
- ごま油……………………小さじ1/2

粉ざんしょう……………………少々

作り方

1. なすはヘタを切り落として、縦半分に切ってから2cm厚さの斜め切りにし、海水程度の塩水に5分ほどつけて水けをふく。ピーマンは縦半分に切り、ヘタと種を取って横2cm幅に、しそは縦半分にして、せん切りにする。
2. 合わせみその材料は混ぜておく。
3. 中華鍋かフライパンを熱してごま油を回し入れ、なすを強火で焼きつけるように炒め、なすが焼けてきたらピーマンを加えてひと炒めする。
4. 野菜を片側に寄せて火を止め、すぐに鍋のあいたところに合わせみそを入れる(写真)。再び強火にかけて、野菜にみそをからめるように炒め、しそを加えて手早く炒め合わせる。すぐ器に盛り、粉ざんしょうをふる。

カツ代ロジック

鍋しぎはあくまで焼き物。鍋いっぱいになすを広げ、しばらく動かさないで焼きつけてから炒めます。これをくり返して、なすの全面を焼き、合わせみそをジャーッと焼く。これが香ばしく仕上げるコツ。

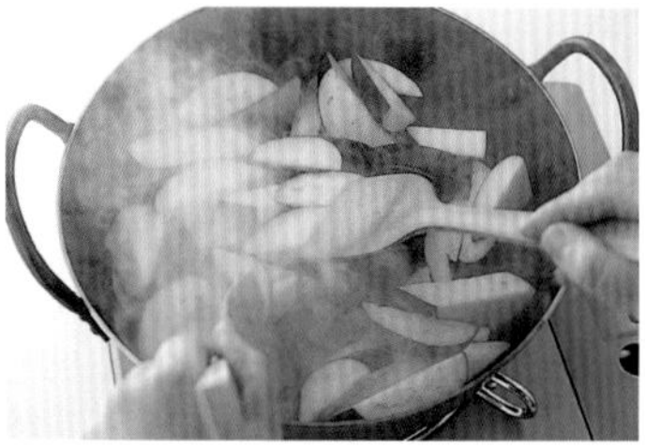

鍋のあいたところに合わせみそを入れて広げ、鍋の熱でみそが香ばしく焼けるようにする。

にんにくポテト

にんにくたっぷりのスタミナメニュー。
じゃがいもと一緒に揚げたにんにくを
つぶして、おいもにからめます。

材料（4人分）

じゃがいも……………………………3個(400g)
にんにく……………………………………3かけ
揚げ油………………………………………適量
薄口しょうゆ…………………………小さじ1
塩…………………………………………少々
パセリ……………………………………少々

作り方

1. じゃがいもは皮ごと大きめの一口大に切って、サッと水で洗い、水けをよくふく。にんにくは外皮をむき、薄皮はつけたままにする。
2. 揚げ油を150℃に熱し、にんにくとじゃがいもを静かに入れる。はじめは弱火で、色づき始めたら中火にして、徐々に温度を上げていく。
3. じゃがいもに竹串を刺してスッと通ったら、じゃがいもとにんにくを引き上げて油をきる。
4. にんにくの薄皮をむいてボウルに入れ、少しつぶす。薄口しょうゆを加え、揚げたじゃがいも、塩を入れてササッと全体をあえる(写真)。器に盛ってちぎったパセリを散らす。

揚げて甘みが増し、香りもやわらかになったにんにくをつぶし、じゃがいもをあえる。

カツ代ロジック

じゃがいもやにんにくを揚げるときは、油の温度が低いうち（150℃）から入れて、じっくり揚げると、中までほっくりと火が通ります。150℃（低温）は、乾いた菜箸を油の真ん中に入れると、しばらくしてから箸先からゆっくりと小さな泡が静かに出るぐらいが目安です。

じゃがいもは
皮ごと揚げて香ばしく

からしをぴりりと
きかせます

わけぎと まぐろのぬた

わけぎとまぐろのそれぞれに下味をつけておくと、酢みそとよくなじんで味がグーンとアップします。

カツ代ロジック

わけぎはたっぷりの熱湯に根元、葉先の順に入れ、ほどよいかたさにゆでて、ざるにとって広げて冷まします。このとき、水にとらずに、ざるにとって冷ますのがコツ。水にとると空洞の部分に水が入って、水っぽくなってしまいます。

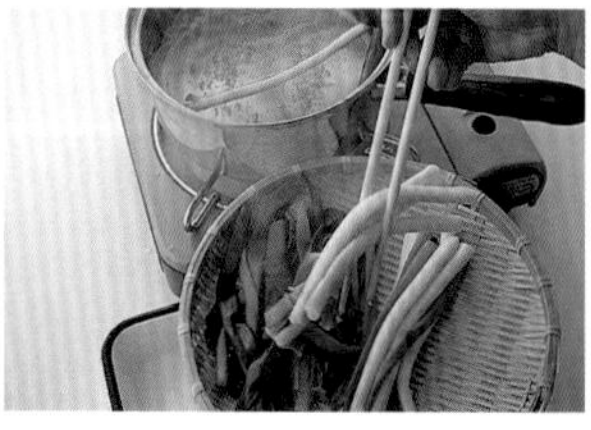

材料（4人分）

わけぎ……1把（200g）
しょうゆ……小さじ1
まぐろ（刺身用・ぶつ切り）……300g
酢……小さじ1/2

酢みそ

- みそ……大さじ3
- 砂糖……小さじ1
- みりん……大さじ1
- 米酢……大さじ1
- 溶きがらし……小さじ1/2～1

作り方

1. わけぎは鍋に入る長さに切る。たっぷりの熱湯に根元、葉先の順に入れ、ほどよいかたさにゆで、ざるにとって広げて冷ます。
2. 1を3cm長さに切り、しょうゆを全体にふって下味をつける。
3. まぐろはペーパータオルでふいて余分な水けを取り、酢をまぶして下味をつける。
4. ボウルに酢みその材料を入れてよく混ぜ合わせ、食べる直前にまぐろ、わけぎの順に入れてざっとあえる。

小松菜のごまあえ

このごま衣の配合は、
ほかの青菜をあえてもおいしいので、
ぜひ覚えてください。

材料（4人分）

小松菜……………………1把（400～500g）
塩……………………………………適量

ごま衣

- いりごま（白）……………………大さじ4
- しょうゆ……………………………大さじ1
- 砂糖…………………………………小さじ2
- みりん………………………………小さじ2
- 米酢…………………………………小さじ1

作り方

1. 小松菜は根を切り落とし、根元のところに土がついていることがあるのでよく洗う。熱湯に塩を入れて色よくゆで、ざるに上げて広げて冷ます。小松菜はほうれんそうと違ってアクが少ないので、水にとらないほうがおいしい。
2. 水けを軽く絞り、3cm長さに切る。絞りすぎると筋っぽくなるので注意。
3. ごま衣のごまは、鍋で少しからいりして温め、すり鉢に入れて油が出るまでする。調味料を加えてなめらかにすり混ぜ、小松菜を2～3回に分けて入れてあえる（写真）。

ゆでた小松菜を軽く絞って2～3回に分けてあえると、ごま衣がまんべんなくからまる。

カツ代ロジック

本来ごまあえは、ごまのすりたての香りを味わうもの。余裕のあるときは、すり鉢を出して作りたいですね。いりごまでも軽くからいりするとつぶれやすくなります。油が出てしっとりするまでよくすると、味も香りも抜群！

ゆで野菜のしょうがドレッシング

こってり濃厚な主菜に合わせる
もう一品は、和風のドレッシングの
サラダでさっぱりと。

カツ代ロジック

もやし、水菜の順に入れ、まとめてゆでるからスピーディー。水菜やもやし以外でも、にら、小松菜、ブロッコリー、キャベツ、きのこ類など、ゆでておいしい野菜なら、何でも応用できます。

材料（4人分）

水菜……………………………………1/2把（100g）
もやし…………………………………1袋（200g）

しょうがドレッシング

- しょうが（すりおろす）…………………小さじ1
- 砂糖……………………………………小さじ1/2
- しょうゆ………………………………大さじ2
- 米酢……………………………………大さじ2

作り方

1. 水菜は3cm長さに切る。
2. 湯を沸かし、先にもやしを入れてゆでる。フツフツ煮立ってきたら、水菜を加えて一緒にゆで上げ、手早くざるに上げ、広げて冷ます。
3. しょうがドレッシングの材料を合わせ、ゆで野菜をあえる。野菜を器に盛ってからドレッシングをかけてもよい。

菜の花のからしあえ

菜の花の苦みと
からしの相性は抜群です。
鶏肉を入れて、食べごたえも十分。

材料（4人分）

菜の花		1把
鶏むね肉		1/2枚（またはささ身2本）
塩		適量
A	溶きがらし	小さじ1/2
A	砂糖	小さじ1/2
A	しょうゆ	大さじ1

作り方

1. 菜の花は茎の下のかたいところを1cmほど切り落とす。
2. 熱湯に塩を入れ、皮をはずした鶏肉をゆでる。鶏肉に火が通ったら引き上げ、続けて菜の花を入れて色よくゆで、ざるに上げて広げて冷ます（写真1）。
3. 鶏肉が冷めたら細く裂く。菜の花は2cm長さに切る。
4. ボウルにAを入れて混ぜ、鶏肉、菜の花の順にあえる（写真2）。

1 アクの少ない菜の花は、水にとらずにざるに広げて冷ますと、うまみが生きる。

2 鶏肉からあえると、鶏肉の味がしまっておいしい。

カツ代ロジック

鶏肉からはがした皮も捨てません。カリカリに焼いてもよし。粉をつけて揚げて、塩ととうがらしをふれば、立派なおつまみに。おいしくて、キッチンスタジオでも奪い合いになるぐらい。

ほろにが
ピリリの春の味

大根とにんじんのごま酢

野菜をゆでて薄口しょうゆで味つけした変わりなます。
やわらかい食感とごまの風味で
まろやかなやさしい味に。

材料（4人分）

大根……………………………………… 8cm
にんじん………………………………… 8cm
いりごま(白)………………………… 1/4 カップ
A ┌砂糖………………………………… 大さじ 1
A │薄口しょうゆ……………………… 大さじ 1
A └米酢 ……………………………… 大さじ 1
塩 ……………………………………… 適量

作り方

1. 大根は薄い輪切りにしてから細切りにする。にんじんは斜め薄切りにしてから、細切りにする。
2. 熱湯に塩を入れ、大根、にんじんを入れてほどよいかたさにゆでる。ざるにとり、広げて冷ます。
3. ごまは鍋で軽くからいりして温め、すり鉢に入れて油が出るまでよくすり、さらにAの調味料を加えてなめらかにすり混ぜる。
4. 食べる直前に、大根、にんじんを3に2～3回に分け入れてあえる。

カツ代ロジック

大根は薄い輪切りにしてから細切りにすると、繊維が断ち切られてやわらかい口当たりになります。ゆでるときも、シャッキリとさせたいときはサッと、しっとり食べたいときはやわらかめにゆでます。自分の好みを知って、ほどよい加減に火を通せるようになるといいですね。

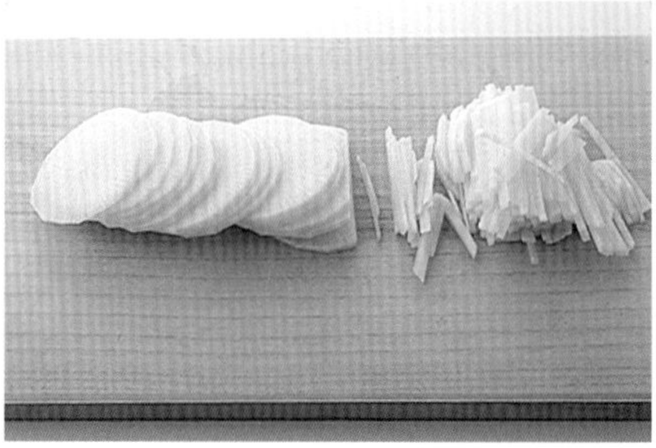

春雨ときゅうりの中華あえ

春雨、きゅうり、ハムとオーソドックスな組み合わせなれど、昭和の時代から相も変わらずみんなが大好きな味。

カツ代ロジック

カツ代流ドレッシングの作り方は、材料をひと混ぜするだけ。しつこく攪拌して混ぜると、どろどろしてくどい味になります。ササッと混ぜると、あっさりした味に仕上がり、白いご飯の献立にもマッチします。不思議ですよね……。

材料（4人分）

春雨……50g
きゅうり……2本
ハム……4枚

ドレッシング

- 砂糖……小さじ1
- しょうゆ……大さじ1
- 米酢……大さじ2
- ごま油……小さじ2

作り方

1. 春雨は袋の表示通りにもどし、水洗いして水けをきり、食べやすい長さに切る。
2. きゅうりは斜め薄切りにしてから細切りにする。ハムは半分に切ってからせん切りにする。
3. ボウルにドレッシングの材料を混ぜ合わせ、春雨、きゅうり、ハムを入れて菜箸であえる。

わかめと オクラの酢の物

暑い日に食べたいさっぱりした酢の物。
オクラのネバネバは
夏バテ防止にも効果大。

カツ代ロジック

オクラってよくネットに入って売られてますよね。あれも活用できます。洗うときに、ネットごと水洗いすると汚れがきれいに落ちるんです。ゆでるのは本当にサッとでOK。ゆですぎてグタグタにしないようにご用心。

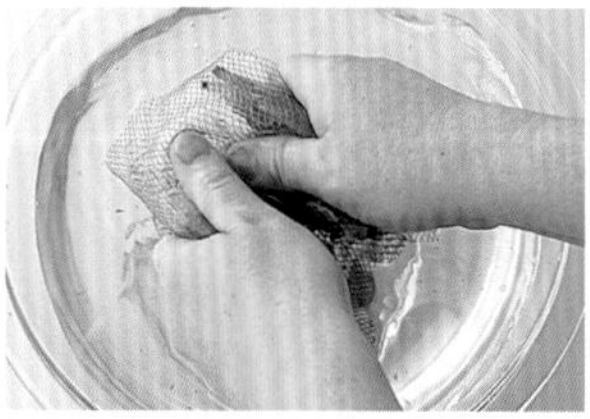

材料（4人分）

わかめ（もどしたもの）……………………1カップ
オクラ……………………1パック（8～10本）

合わせ酢

- 薄口しょうゆ……………………大さじ1
- 米酢……………………大さじ1
- 砂糖……………………小さじ1
- ごま油……………………小さじ1

作り方

1. もどしたわかめはよく水洗いし、2～3㎝長さに切る。オクラは水洗いし、熱湯でサッとゆでてざるにとる。粗熱が取れたらヘタを切り落とし、小口切りにする。
2. ボウルに合わせ酢の調味料を入れて、ひと混ぜする。
3. 器にわかめとオクラを盛り合わせ、合わせ酢をかける。

ブロッコリーのおひたし

茎も食べなくてはもったいない。
余すところなく食べましょう。

材料（4人分）

ブロッコリー……………………………1個(300g)
塩………………………………………小さじ1
しょうゆ、米酢…………………………各少々

作り方

1. ブロッコリーは小房に切り分ける。茎の部分はかたい筋がなくなるまで皮を厚めにむき、中のやわらかそうな部分は食べやすい大きさに切る。
2. 塩を入れたたっぷりの熱湯でサッとゆで、ざるにとって広げて冷ます。
3. ボウルにしょうゆと酢を入れて混ぜ、2を加えてあえる。

ほうれんそうのおひたし

冬場のほうれんそうは、じつに甘い。
ぜひ旬の時期に作ってみて。

材料（4人分）

ほうれんそう……………………………1把(300g)
塩……………………………………………少々
しょうゆ…………………………………小さじ2
削り節……………………………………適量

作り方

1. たっぷりの熱湯に塩を入れ、ほうれんそうを葉先からスーッと入れる。根元を菜箸ではさんで返し、ほどよくゆで上がったら、冷水にとる。手早く水を2、3回替えて冷まし、10分ほど水にさらす。
2. 水けを軽く絞って3～4cm長さに切る。ボウルに入れ、菜箸で全体をホワッと空気を入れるように混ぜる。しょうゆを入れて混ぜ、器に盛って削り節をのせる。

おやつの時間

カツ代さんの思い出2

この本におやつのレシピはありませんが、カツ代さんはおやつの時間をとても大事にしていました。カツ代さん曰《いわ》く、おやつは人生の中の楽しみの一つで、心の栄養。10時と15時、「コーヒーにする？ 紅茶にする？ それともほうじ茶がいいかしらねえ」とお茶を淹《い》れる姿が忘れらないですねえ。

子どもたちには、学校から帰ってからのお楽しみのおやつと食後のデザート。夕飯を食べながら、「ねえ、きょうのデザートなに？」はお決まりのセリフ。子どもたちはそれをとても楽しみにして、夕飯が終わると、にっこにっこしていたのを、いまでも思い出して、ニヤニヤしてしまいます。じつによき時間でした。

家でのおやつは毎日のことですから、ごはんを作る合間にチャチャッとできちゃうものばかり。それは、白玉で作るお団子だったり、冷凍パイシートを使うパイだったり、同率の配合で作るバターケーキだったり、残りのコーヒーで作るゼリーだったり、涙が出そうな酸っぱい夏みかんに砂糖をまぶして瓶に入れて、一晩おいただけとかね。もちろんケーキ屋さんで買ったおしゃれなケーキの日もあれば、天ぷらの衣が余ったときに粉を足して作る、一口ドーナッツだったり……。小麦粉を水で溶いてクレープみたいに焼き、バターとシュガーとシナモンをふってくるくる巻いた、レシピがあってないようなものもありました。

それは、いま流行りのバエるスイーツとは異なるもので、毎日の食事のような素朴なおやつ。甘すぎず、辛すぎず、毎日食べても飽きないやさしいもの。

外出先の駅からキッチンスタジオに電話がよくかかってきて「おやついる？」とカツ代さん。「鯛焼き～」と私が答えると、ピンヒールでおしゃれをしていても、鯛焼き屋に並ぶんです。近所の屋台のたこ焼き屋さんがおいしいと聞けば、すぐさまみんなで食べに行ったり。それは、たしかに人生を楽しんでいる時間でした。1日3回のごはんとおやつの時間。人生はたった一度しかありません。どうか、楽しんでください。

カツ代さんが愛用していたティーカップ。

第4章

サクッとワンプレートから、満足度の高いボリューム汁物まで。

ご飯・めん・汁物・スープ

一皿でも大満足のご飯ものは、昭和の時代をほうふつとさせる懐かしい味のオンパレード！
具だくさんの汁物は和風あり、洋風あり。その日の気分で選んでください。

卵とハムのふつうのチャーハン

具はごくごくふつうでも、
ふつうでないおいしさに仕上げるのが
この「ねぎじょうゆ」。

材料（2人分）

ねぎじょうゆ

- 長ねぎ（小口切り）……………………… 10cm分
- しょうゆ ……………………………… 大さじ1

卵 …………………………………………… 2個
ハム ………………………………………… 2枚
温かいご飯 ……………………………… 2人分
塩、こしょう …………………………… 各適量
ごま油 …………………………………… 適量

作り方

1. しょうゆにねぎを加えて、ねぎじょうゆを作る（写真）。
2. ハムは粗いみじん切りにする。卵は溶いておく。
3. 中華鍋、またはフライパンを熱し、アツアツになったらごま油大さじ1/2を回し入れ、すぐに溶き卵を流し入れる。半熟状態に炒めて、手早く取り出す。
4. 3の鍋にごま油大さじ1/2を足し、ご飯を広げるように入れて、焼きつけるように炒める。途中、ハムも加え、全体がパラリとするまで炒める。
5. 1のねぎじょうゆを加え、3の卵を戻し入れ、全体を炒め合わせる。味をみて、足りなければ、塩、こしょうで調える。器に盛り、好みで紅しょうがや福神漬けなどを添える。

最初にねぎとしょうゆを合わせて、ねぎの香りをしょうゆに移しておく。

カツ代ロジック

パラリと炒めるには、材料はよくばらずシンプルに、2人分ずつ炒めるのが鉄則。何事もほどほどが肝心。ご飯を中華鍋に入れたら、焼き目がつくまでいじらないことも大事です。焼き目がついたらご飯を切るように炒めます。

あり合わせの
材料で作れるのが
うれしいね

チキンオムライス

ご飯を炒めないオムライスだから、
いっぱい作っても失敗はなし。

材料（4人分）

チキンライス

- A
  - 鶏むね肉……1枚
  - 塩……小さじ1/2
  - サラダ油……小さじ2
  - 玉ねぎ（1cm角に切る）……1/2個分
  - ピーマン（1cm角に切る）……2個分
- B
  - トマトケチャップ……大さじ4
  - しょうゆ……小さじ1
- 温かいご飯……4人分

バター（またはサラダ油）……小さじ2

卵……4個

作り方

1. チキンライスを作る。Aの鶏肉は小さめの角切りにし、塩をまぶして熱湯（4カップ）で火が通るまでゆでる（写真1）。
2. フライパンを熱してAのサラダ油をひき、玉ねぎを中火で香りよく炒め、1の鶏肉と、ピーマンを加えて全体が熱くなるまで炒める。火を止めてBの調味料を加え、再び中火にかけて味がなじむまで炒めて火を止める。ご飯を加えてまんべんなく混ぜ（写真2）、取り出して4等分する。
3. フライパンをきれいにして中火にかけ、バター小さじ1/2を溶かす。溶いた卵1個分を流し入れ、手早く全体に広げる。卵の表面が乾かないうちにチキンライスの1/4量をのせ、火を止めてからフライ返しで卵の両端でライスを包むようにかぶせる（写真3）。フライパンの縁にぐっと寄せてから、フライパンに皿をかぶせてポンと裏返して盛る。
4. 3をペーパータオルなどで覆い、上から軽く押さえてオムレツ形に整える。同様にして残り3人分も焼く。好みでケチャップをかけて食べる。

カツ代ロジック

卵をフライパンに流し入れたら、卵が固まる前の半熟のうちにチキンライスをのせます。こうすると、ご飯と卵がうまくくっついて、卵もふっくらやわらかな仕上がりに。そして、卵に火が通りすぎないように、火を止めてから包むようにかぶせます。

1 鶏肉をゆでると炒め時間が少なくてすみ、すっきりした味になる。ゆで汁はスープに使える。

2 いったん火を止めてからご飯をフライパンに入れ、炒めた具と混ぜる。ご飯を炒めないので、焦がしたり、こぼしたりの失敗がない。

3 卵でご飯を包むようにしたら、フライパンの端に寄せ、皿をかぶせてフライパンを裏返して盛る。

懐かしい昭和の味！
ケチャップはお好みで

担々《たんたん》丼

ピリッと辛いエスニック丼に
温泉卵がじつに合う。

材料（4人分）

A
- 豚ひき肉……250g
- 水……1/2カップ
- にんにく（すりおろす）……1かけ分
- 豆板醤《トウバンジャン》……小さじ2
- しょうゆ……大さじ1
- こしょう……少々
- 練りごま、または、すりごま（白）……大さじ3
- ごま油……大さじ1

温かいご飯……4人分
レタス類（サニーレタスなど）……4枚
温泉卵（市販品）……4個
みつば（またはシャンツァイ）……適量
レモン（あれば）……適量

作り方

1. フライパンにAの材料を全部入れて中火にかける。時々木べらでよく混ぜながらひき肉をほぐし、全体がぱらっとするまで炒める。
2. 丼にご飯を盛り、ちぎったレタス類、1の具の順にのせる。真ん中に温泉卵をのせ、刻んだみつばを散らす。あればくし形に切ったレモンを添え、キュッとしぼって食べる。

カツ代ロジック

ひき肉を練りごまと豆板醤と一緒に炒めるとコクが出て、大急ぎで作ったとは思えない深みのある味わいに。火にかけたとき、最初は煮ているような感じですが、木べらで混ぜながら、だんだんと水分をとばし、最後は全体がぱらっとするまで炒めます。

きのこの混ぜピラフ

炊き込まずして、混ぜるだけのピラフ。
日本の銀シャリにはこのほうが合うぐらい。

材料（4人分）

好みのきのこ……………………山盛り4カップ
にんにく（みじん切り）…………………1かけ分
温かいご飯…………………………米2合分
バター………………………………大さじ2
A ┌塩…………………………………小さじ1/2
　│しょうゆ…………………………小さじ2
　└こしょう（黒）…………………………適量
パセリ（みじん切り）………………………適量

作り方

1. きのこは石づきを取ってほぐし、大きいときは食べやすい大きさに切る。
2. フライパンにバターを入れて中火にかけ、すぐにんにくを入れて焦がさないように炒める。
3. いい香りがしてきたら1のきのこを入れ、火を強めてサッと炒める。手早くAで調味し、全体がアツアツになったら火を止める。
4. 温かいご飯を加え、さっくりと混ぜる（写真）。器に盛ってパセリを散らす。

火を止めてから混ぜる。このほうがバターの風味がよく、すっきりした仕上がりに。

カツ代ロジック

きのこは1種類でもおいしいけれど、何種類か使うと、それぞれの食感、香り、味わいが違うので、食べたときに口の中で調和して、おいしさがグンとアップ！
きのこは火の通りが早いので、調味料を入れたらチャチャッと炒め合わせればOKです。

鶏クッパ

鶏のゆで汁を利用して、
さっぱり和風テイストに。

材料（4人分）

鶏むね肉……………………………1枚(250g)
大根…………………………………………8cm
にんじん……………………………………4cm
長ねぎ……………………………………1/2本
豆もやし……………………………………1袋
細ねぎ………………………………………4本
塩……………………………………小さじ1/2
酒………………………………………大さじ1
顆粒チキンスープの素………………………少々
温かいご飯……………………………………4人分
いりごま(白)……………………………………適量

塩ねぎ

- 長ねぎ(小口切り)…………………10cm分
- 塩……………………………………小さじ1
- ごま油………………………………大さじ1

作り方

1. 鶏肉はかぶるぐらいの熱湯で20分ほどゆで、食べやすい太さに裂く。ゆで汁は水と合わせて5カップにする。
2. 大根、にんじんは4cm長さの短冊切り、長ねぎは4cm長さに切って縦半分に切る。細ねぎは4cm長さに切る。
3. 塩ねぎの長ねぎは小さい器に入れ、塩をのせて上からごま油をかけ、混ぜておく。
4. 鍋に1のゆで汁、鶏肉、大根、にんじん、塩、酒を入れて中火で煮る。大根がやわらかくなったら、豆もやし、長ねぎを加えてサッと煮る。味をみてコクが足りないようなら、スープの素を足す。細ねぎを加えて火を止める。
5. 器にご飯を盛って4を汁ごとかけ、塩ねぎをのせ、ごまをふって食べる。

カツ代ロジック

鶏肉の中でも手頃な値段のむね肉は、まとめてゆでて冷蔵庫にキープしておくと、時間のないときにサッと使えて便利。むね肉2～3枚をかぶるぐらいの熱湯に入れ、ふたをして弱火で15分ほどゆでる。火を止めて冷まし、ふたつきの保存容器にゆで汁ごと移す。使うときは細切りにしたり、手で裂いたりしてサラダやあえ物に。うどんやラーメンのトッピングにも。保存は冷蔵庫で2～3日。

豚ごぼうの混ぜご飯

食べる分だけの具と温かいご飯を
混ぜれば作れるのがうれしい。

材料（4人分）

ごぼう……………………………………20cm
にんじん…………………………………10cm
しょうが（せん切り）…………………1かけ分
豚ひき肉…………………………………100g
温かいご飯………………………米2合分
ごま油………………………………大さじ1
A ┌しょうゆ……………………大さじ1と1/2
　│みりん…………………………大さじ1/2
　└酒………………………………大さじ2
いりごま（白）…………………………適量

にんじんはきれいな色を残すため、ここで加える。

カツ代ロジック

ごぼうの風味を味わうご飯だから、ごぼうとしょうがは香りが出るまでよーく炒めます。これがおいしくするコツ。ごぼうはしっかり炒めるとアクも出ません。

作り方

1. ごぼうは小さめのささがきにし、水に放してすぐに引き上げ、水けをきる。にんじんは2cm長さの細切りにする。
2. 鍋にごま油を中火で熱し、ごぼうとしょうがを香りが出るまで炒める。
3. ひき肉を加えてほぐし炒め、火が通ったらAの調味料を加えてひと混ぜする。にんじんを加えて（写真）、汁けがほんの少し残るぐらいまで煮る。
4. 温かいご飯と3の具をさっくりと混ぜる。器に盛って、ごまをふる。粉ざんしょうもよく合う。

ちらしずし

家族の記念日に手作りしたい。
一つ一つの素材を調理して
最後に混ぜ合わせます。

材料（4人分）

すしめし

米……2合
酒……大さじ2
昆布……5cm
すし酢（市販のすし酢でもよい）
- 米酢……70ml
- 砂糖……大さじ1
- 塩……小さじ1

かんぴょうとしいたけの甘辛煮

かんぴょう……50cm×2本
塩……小さじ1
干ししいたけ……10～12枚
A
- しいたけのもどし汁……2カップ
- 酒、砂糖、しょうゆ……各大さじ2

高野豆腐の含め煮

高野豆腐（調味料つきのもの）……2枚

にんじんとれんこんの酢煮

にんじん……100g
れんこん……100g
B
- 水……2カップ
- 酢……大さじ2
- 塩……小さじ1/2

ゆでえび

えび……12尾
酢……少々

錦糸卵

卵……3個
塩……少々
サラダ油……少々

刻みみつば

みつば（細かく刻む）……1カップ分

すしめし

1. 米は洗い、分量の酒を加えてふつうに水加減し、昆布をサッと洗って加えて炊く。昆布を取り出す。
2. 大きいボウルにきつく絞ったぬれぶきんを敷いて、アツアツのご飯を移し、混ぜたすし酢を上から回しかける。すぐに上側を切るように混ぜ、すし酢をなじませる。
3. ご飯を裏返すようにぬれぶきんを抜き取り、全体を切るように混ぜる。真ん中をへこませるように広げて冷ます。

かんぴょうとしいたけの甘辛煮

1. かんぴょうは塩をふってよくもみ、よく水洗いしたあと、鍋に入れ、たっぷりの水を加えて15分ほどやわらかくゆでる。
2. 干ししいたけはぬるま湯でやわらかくもどし、軸を取って水けを絞る。鍋にA、しいたけ、かんぴょうを入れ、中火で汁けがなくなるまで煮る。
3. 粗熱が取れたら、しいたけは半分に切って細切り、かんぴょうは1cm長さに切る。

カツ代ロジック

すしめしを作るとき、飯台がない場合はボウルにきつく絞ったぬれぶきんを敷いて、ご飯を移します。ぬれぶきんが適度に水分を吸ってべたついたすしめしになるのを防ぎます。ぬれぶきんを抜くときにご飯を裏返し、下側だった部分も切るように混ぜて、すし酢をなじませます。

高野豆腐の含め煮

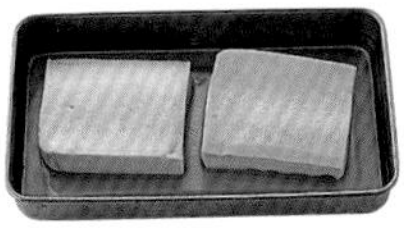

高野豆腐は袋の表示通りに調理して、粗熱が取れたら、汁けをきって1cm角に切る。

にんじんとれんこんの酢煮

① にんじんは2cm長さの細切りにする。れんこんは縦6～8等分に切って薄切りにする。

② 鍋にB、にんじん、れんこんを入れ、強めの中火で5分煮る。冷めたら汁けをきる。

ゆでえび

酢を入れた熱湯でえびをゆで、殻をむいて尾と背ワタを除き1cm角に切る。

錦糸卵

卵は溶いて塩を入れ、油を熱したフライパンに薄く流して焼く。5枚ほど焼ける。焼き上がったらせん切りにする。

あとは合わせるだけ！

具がすべて冷めたら、すしめしにかんぴょうとしいたけの甘辛煮、高野豆腐の含め煮、にんじんとれんこんの酢煮、ゆでえびを加え、さっくりと混ぜる。最後にみつばを混ぜる。器に盛って錦糸卵をのせ、好みで紅しょうがを添える。

そら豆ご飯

そら豆がくずれて炊き上がってもOK。
ご飯とよくなじませたほうがおいしい。

カツ代ロジック

そら豆はさやから出したものも売っていますが、さやつきのほうがみずみずしく、やわらかい。さやつきで500gあっても、さやをはずすと驚くほど量が減って150gほどになるので、気持ち多めに買ってもいいでしょう。

材料（4人分）

米	2合
そら豆（さやつき）	500g
えび	8尾
昆布	5cm
A 酒	大さじ1
A 塩	小さじ1

作り方

1. 米は洗って炊飯器の内釜に入れ、いつもよりやや少なめに水加減する。
2. そら豆はさやから出して薄皮をむく。黒く筋の入っているところに爪や竹串を入れ、そこからむくときれいにむける。
3. えびは殻をむいて尾と背ワタを除き、小さくコロコロに切る。
4. 1にAを加え、ひと混ぜする。水でざっと洗った昆布、そら豆、えびをのせて表面を平らにし、すぐに炊く。
5. 炊き上がったら昆布を取り除き、豆がくずれるのを気にせず、底からホッコリと混ぜる。

豚肉の塩焼きそば

「ご飯を炊く時間もない！」
そんな日の助っ人料理。

材料（4人分）

豚薄切り肉	150g
にんじん	1/2本
ピーマン	2個
キャベツ	2枚
長ねぎ	1本
ちくわ	小2本
サラダ油	大さじ2
塩	小さじ1と1/2
中華蒸しめん（焼きそば用）	4玉
砂糖	少々
しょうゆ	小さじ1

カツ代ロジック

1～2人分なら具とめんを一緒に炒められますが、4人分を作るときは、具とめんを別々に炒めてから合わせます。

作り方

1. にんじん、ピーマン、キャベツは細切り、ねぎは斜め切りにする。ちくわは5㎜厚さの輪切りに、豚肉は食べやすい大きさに切る。
2. 中華鍋にサラダ油大さじ1を熱し、豚肉、にんじん、ピーマン、キャベツ、塩小さじ1/2の順に加えて強火で炒める。全体がアツアツになったら取り出す。
3. 2の中華鍋にサラダ油大さじ1を足し、めん、ちくわを入れ、湯1/4カップを回し入れる。めんを焼きつけるように炒め、塩小さじ1、砂糖で味を調える。
4. めんをしっかり炒めたら、2の具を戻し入れ、ねぎも加えて全体を炒め合わせ、最後にしょうゆで味を調える。

スパゲティナポリタン

昭和に生まれたスパゲティナポリタンは、
イタリアにはありません。
日本の喫茶店食文化の中で育った一品。

材料（4人分）

スパゲティ	350g
玉ねぎ	1個（200g）
ピーマン	3個（150g）
ハム	100g
マッシュルーム（スライス、缶詰）	1缶（190g）
オリーブ油	大さじ1
こしょう	少々
トマトケチャップ	大さじ山盛り4
ウスターソース	大さじ1

作り方

1. スパゲティは袋の表示通りにゆでる。塩は入れなくてもよい。ゆで上がったら、ざるに上げる。
2. 玉ねぎは繊維に沿って7～8㎜幅に切る。ピーマンは細切りにする。ハムは7～8㎜幅に切る。マッシュルームは缶汁をきる。
3. フライパンにオリーブ油を熱し、玉ねぎ、マッシュルーム、ハム、ピーマンの順に加えて、強めの中火で炒める（写真1）。全体に油が回ったら、こしょうをふり、いったん火を止めて、ケチャップ、ウスターソースを加える（写真2）。
4. 再び中火にかけて、具に味をからめ、ケチャップがクツクツと煮立ってきたら、ゆでたスパゲティを入れて炒め合わせる。皿に盛り、好みで粉チーズをふる。

カツ代ロジック

玉ねぎは大事な具材のひとつ。ナポリタンのスパゲティは太めの1.7～1.9㎜が合うので、玉ねぎもそれに負けないようにある程度の幅に切ります。薄く切りすぎると、存在感がなくなり、水も出て、仕上がりのコクが足りなくなるので要注意。

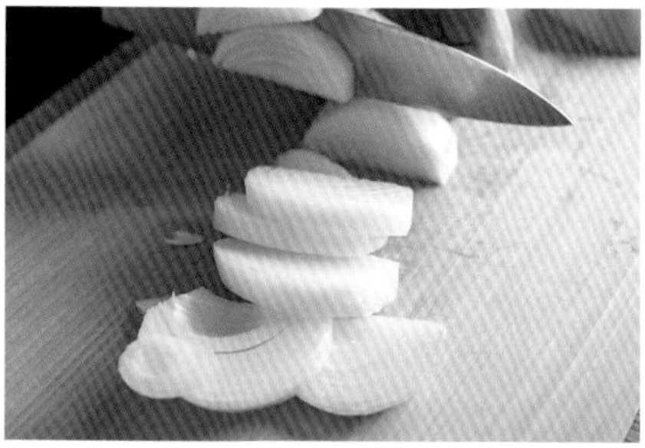

1 具材はサッと強めの火加減で炒めること。カレーを作るときみたいにしつこく炒めない。

2 ガツンと濃いめの味がおいしいナポリタン。ケチャップは思い切り投入して！

ウスターソースが
隠し味です

あさりの塩パスタ

あさりのうまみたっぷり！
にんにくの香りが食欲をそそる。

材料（4人分）

あさり（砂抜きしたもの）……………………400g
スパゲティ……………………………………350g
パセリ（みじん切り）…………………… 大さじ4
にんにく（薄切り）……………………… 1かけ分
赤とうがらし……………………………… 1〜2本
オリーブ油……………………………… 大さじ2
酒（または白ワイン）…………………… 1/ 2カップ
塩…………………………………………… 小さじ1
こしょう………………………………………… 適宜

作り方

1. あさりは殻を塩でよく洗い、塩水につけて砂抜きする。水洗いして、水けをきる。
2. たっぷりの湯を沸かし、スパゲティを袋の表示通りにゆでる。ゆで汁を1/2カップ取っておく。
3. 厚手の広口の鍋かフライパンにオリーブ油大さじ1と赤とうがらしとにんにくを入れて、弱火にかける（写真）。にんにくのいい香りがしてきたら、中火にしてあさりを加える。1つ、2つとあさりの口が開き始めたら、強火にして、酒、1のゆで汁を入れる。
4. あさりの口が全開したら、塩、こしょうを加えて火を止め、ゆでたてのスパゲティ、パセリ、オリーブ油大さじ1を加えて、ササッとからめる。器に汁ごと盛りつける。好みで粉チーズをふる。

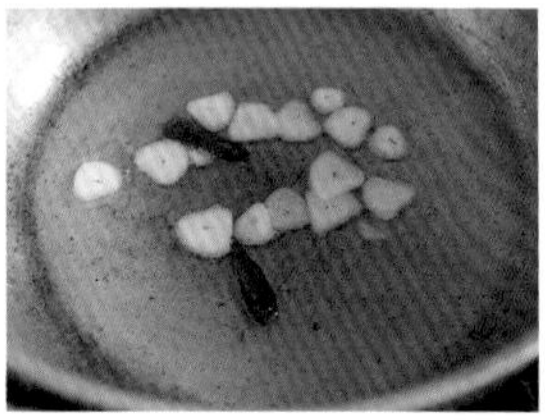

にんにくを焦がさないように弱火でじっくり炒め、香りを引き出す。

カツ代ロジック

あさりは砂抜き済みのものを買っても、まだ中に砂が残っていることも。塩をふって殻をこすり合わせるようにしてしっかり洗ったあとに、海水よりやや薄め（3%以下）の塩水に60分ほどつけて、しつこく砂抜きをします。水の量は、あさりが少し顔を出すぐらいに。

ねぎ鶏うどん

鶏むね肉のゆで汁を使ったあっさり味の
おつゆに、ねぎのすっとした香りが
よく合います。

材料（4人分）

鶏むね肉……………………………1枚（250g）
かまぼこ………………………………小1/2本
長ねぎ……………………………………1本
うどん（冷凍）……………………………4玉

めんつゆ

- 鶏肉のゆで汁＋だし汁……………6カップ
- 塩………………………………………小さじ1
- みりん…………………………………大さじ2
- しょうゆ………………………………大さじ2

細ねぎ（小口切り）…………………………適量

作り方

1. 鶏肉はかぶるぐらいの熱湯で弱火で20分ほどゆで、薄切りにする。ゆで汁はだし汁と合わせて6カップにする。
2. かまぼこは薄切り、長ねぎは斜め薄切りにする。
3. めんつゆの材料を鍋に入れて強火にかけ、フツフツ煮立ってきたらうどんと長ねぎを入れる。うどんが温まったら、器にうどんを盛りつける。残ったつゆに鶏肉を入れて火を止める。
4. うどんの上に鶏肉、かまぼこ、長ねぎを盛り、上からアツアツのつゆをかける。細ねぎを散らし、好みで一味とうがらしをふる。

カツ代ロジック

細ねぎがなければ、長ねぎの青い部分を刻み、水洗いして水けをきってのせてもいいでしょう。長ねぎの青い部分は栄養も豊富なので、捨ててしまってはもったいない。刻んで、たれの薬味にしたり、炒め物に加えたり、いろいろ使えます。かたまり肉を煮込むときに一緒に煮るとくさみ消しの役割も。

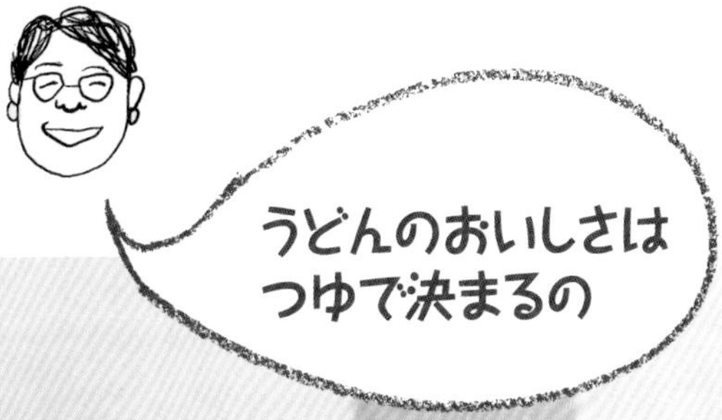

豚汁

根菜入りなのに、
とびきり早く作れる豚汁です。

材料（4人分）

豚肉（肩ロースまたはバラ肉）……………… 200g
ごぼう …………………………………… 20cm
大根 ……………………………………… 10cm
にんじん ………………………………… 10cm
こんにゃく（白）……………………… 1/2 枚
長ねぎ …………………………………… 20cm
木綿豆腐 ……………………………… 1/2 丁
みそ ……………………… 大さじ 2 ～ 3
こしょう ………………………………… 少々

カツ代ロジック

炒めない豚汁だから、流れるような手順で作れてしまう。まずごぼうを弱火にかけ、その間にほかの材料を切って入れ、クックツ煮れば、効率よくでき上がり。最近のごぼうはアクが少ないので、水にさらさないほうが風味が生きます。

1 出たアクをすくい取ると汁が濁らず、味もすっきりと仕上がる。

2 豚肉はフツフツ煮立ったところに入れ、火が通るまで動かさないようにすると余分なアクが出ない。

作り方

1. 鍋に水6カップを入れ、ごぼうを太めのささがきにして加え、弱火にかける。
2. 大根、にんじんは短冊切り、こんにゃくは2 ～ 3cm長さの薄切りにする。長ねぎの白い部分は2cm長さのぶつ切り、青い部分は刻んで薬味にする。豚肉は食べやすい長さに切る。
3. 1に大根、にんじん、こんにゃくを加え、中火にして大根がやわらかくなるまで煮る。アクが出たらすくい取る（写真1）。
4. 豚肉をほぐしながら加え（写真2）、ねぎのぶつ切り、さいの目に切った豆腐を入れる。みそを溶かし入れて火を止め、こしょうをほんのひとふりする。椀に盛り、薬味のねぎをのせる。

芋っこ汁

各地にいろいろな味があるけれど、
カツ代流は牛肉でしょうゆ味。

材料（4人分）

里芋……………………………………300g
牛切り落とし肉………………………200g
A ┌ 酒………………………………大さじ2
　│ みりん…………………………大さじ2
　└ しょうゆ………………………大さじ2
だし汁…………………………………4カップ
長ねぎ…………………………………2本(200g)
細ねぎ(小口切り)……………………適量
粉ざんしょう…………………………適量

作り方

1. 里芋は皮をむいて1cm厚さの輪切りにする。長ねぎは2cm長さに切り、フライパンで焼き目をつける（写真）。
2. 鍋にAを入れて火にかけ、フツフツしてきたら牛肉を加え、中火でほぼ火が通るまでコテッと煮てだし汁を加える。ここに里芋を加えて、やわらかくなるまで煮る。
3. 里芋が煮上がる直前に焼いた長ねぎを加え、熱くなる程度にサッと煮て火を止める。
4. 椀に盛って細ねぎを散らし、粉ざんしょうをふる。好みで七味とうがらしをふっても。

ねぎを焼くと甘みと風味がいっそう増す。

カツ代ロジック

牛肉から出るうまみを味わう汁物なので、こま切れや切り落とし肉が向いています。肉は味がしっかりつくまでコテッと煮るとおいしくなります。ここで肉のうまみを出した汁をだし汁で薄めます。

ハイカラ汁

ハイカラだった
おばあちゃんが作ってくれた
ベーコンと牛乳が入ったみそ汁。

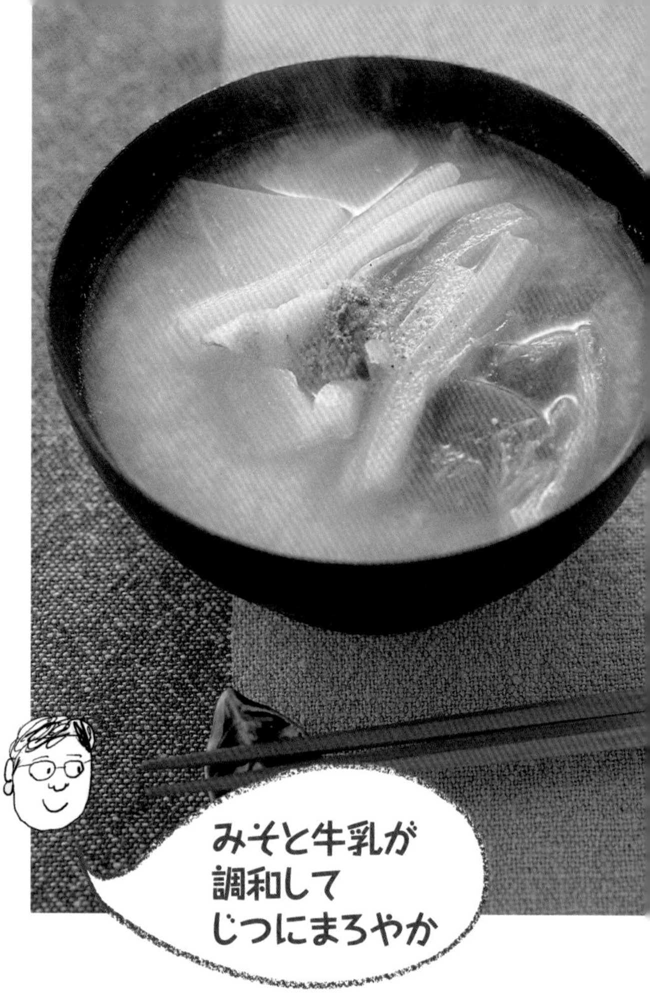

材料（4人分）

白菜……………………………………3枚
にんじん………………………………5cm
大根……………………………………5cm
ベーコン………………………………2枚
だし汁………………………………4カップ
みそ……………………………大さじ2～3
牛乳……………………………大さじ2～4
こしょう………………………………少々

作り方

1. 白菜は葉と軸に切り分け、葉は食べやすい幅に、軸は長さを半分にしてから細切りにする（写真）。にんじんは薄い輪切り、大根は薄いいちょう切りにする。ベーコンは2cm幅に切る。
2. 鍋にだし汁、白菜の軸、大根、にんじんを入れて火にかけ、フツフツしてきたらベーコンと白菜の葉を加える。
3. ふたをして弱火で10分ほど煮る。野菜がやわらかくなったら、みそを溶かし入れて火を止め、最後に牛乳を加える。椀に盛り、こしょうをふって食べる。

白菜の軸は繊維に沿って細切りにするのがおいしい切り方。

カツ代ロジック

牛乳は食べた時には入っているのがわからないぐらいの量にするのが和風に仕上げるコツ。火を止めて最後に入れます。みそは好みのみそでよいですが、信州みそのような、少し白っぽい淡色みそを使うとおいしそうな仕上がりに。

ミネストローネ

野菜た〜っぷりで栄養不足を解消、
好みの野菜で作ってください。

材料（4人分）

ベーコン……………………………………4枚
玉ねぎ……………………………………1/2個
セロリ……………………………………1/2本
ピーマン…………………………………1〜2個
パプリカ(黄)……………………………1個
ズッキーニ………………………………1本
なす………………………………………1〜2個
トマト(完熟)……………………2〜3個(300g)
にんにく(すりおろす)…………………1かけ分
オリーブ油………………………………大さじ2
A ┌ 水…………………………3と1/2カップ
　 │ 固形スープの素…………………………1個
　 └ ローリエ………………………………1/2枚
塩、こしょう……………………………各少々
粉チーズ…………………………………適量

作り方

① ベーコンは1cm幅に切る。野菜はすべて1cm角ぐらいの大きさに切る。

② 鍋にオリーブ油、にんにく、ベーコンを入れて中火にかける。ベーコンの脂が出てきたら、野菜を3回ぐらいに分けて入れ、よく炒める(写真)。

③ 野菜がしんなりしたらAを加え、10分ほど煮る。味をみて、塩、こしょうで調える。器に盛り、粉チーズをふる。

野菜を分けて加えると、温度が下がりすぎないので、野菜の水けを出さずに炒められる。

カツ代ロジック

トマトは水煮缶（200g）を使ってもOK。野菜の種類と量はあくまで目安なので、好みのもの、季節の野菜を入れてください。野菜は大きさをそろえて切ると、口当たりがよく、火の通りも均一になります。ショートパスタやゆでた豆を加えれば食べごたえアップ。

洋風かきたまスープ

フワッと浮いた卵がやさしい。
ご飯にもパンにも合います。

材料（4人分）

	卵	1個
	ベーコン	2枚
	にんにく（すりおろす）	少々
	バター	小さじ2
A	水	4カップ
A	固形スープの素	1個
A	セロリの細い茎（あれば）	少々
	塩、こしょう	各少々
B	かたくり粉	小さじ1/2
B	水	小さじ1
	セロリの葉（みじん切り）	少々

作り方

1. ベーコンは細かく刻む。
2. 鍋にバター、にんにく、ベーコンを入れて中火にかけ、ベーコンがチリチリとしてきたら、Aを加えて5分ほど煮る。セロリの茎は香りづけ用なので、ここで取り出す。
3. 味をみて、塩、こしょうで調え、フツフツしているところにBの水溶きかたくり粉を加えて混ぜる（写真）。
4. 再びフツフツしてきたら、汁を混ぜてから溶いた卵を流し入れる。ふんわりと浮いたら器に盛り、セロリの葉を散らす。

卵を入れる前に水溶きかたくり粉を入れる。

カツ代ロジック

溶き卵を入れる前に、スープに水溶きかたくり粉を入れておくと、あとで卵を流し入れたときにふんわりと浮きます。玉じゃくしで混ぜて、中のスープがグルグル回るようにしたところに卵を流し入れると、その流れにそって卵がポテッと固まらずにきれいに広がります。

豆のスープ

ホクホクひよこ豆に、コロコロの
ソーセージとにんじん、食感が楽しい。

材料（4人分）

ひよこ豆（乾燥）……………………… 1カップ
にんじん…………………………………小1本
ウインナソーセージ…………………………6本
オリーブ油……………………………大さじ1
にんにく（薄切り）……………………1かけ分
固形スープの素…………………………………1個
塩、こしょう……………………………各少々
パセリ（みじん切り）…………………………少々

●ひよこ豆を、白いんげん豆、大豆、金時豆など、好みの豆に替えても。

作り方

1. ひよこ豆は洗って鍋に入れて熱湯を注ぎ、ふたをして一晩おいてもどす。
2. 1の鍋をそのまま中火にかける。フツフツしてきたら弱火にしてやわらかくなるまでゆでる。
3. にんじんは1cmのさいの目に切る。ソーセージは1cm長さに切る。
4. 厚手の鍋にオリーブ油とにんにくを入れて中火にかけ、にんじん、ソーセージの順に加えて炒める。全体がアツアツになったら、ゆで汁をきった豆と水5カップ、スープの素を加えて15分ほど弱火で煮る。味をみて、塩、こしょうで調え、器に盛ってパセリを散らす。

カツ代ロジック

豆は缶詰やドライパックなどの加熱済みのものを使ってもいいけれど、乾物からゆでるとおいしさが違います。ひよこ豆は、食べる前の日の夜に洗って鍋に入れ、熱湯をたっぷり注ぎ、ふたをして一晩おきます。熱湯に浸してもどすと、通常はゆで時間が1時間かかるところが30分ぐらいですみます。

小林カツ代（こばやし・かつよ）

大阪府出身。料理研究家、エッセイスト。
簡単でおいしくできる家庭料理のスペシャリストとして絶大な人気を誇り、多くのファンに愛された。
テレビ、ラジオ、新聞、雑誌など幅広く活躍するも、2014 年に逝去。
生涯に出版した著書は 200 冊以上、
小林カツ代キッチンスタジオから発信されたレシピは 1 万点を超える。

本田明子（ほんだ・あきこ）

東京都出身。家庭料理家。1982 年小林カツ代のもとに押しかけ、内弟子第一号となる。
カツ代氏のエッセイにもたびたび登場。
2007 年に独立し、料理雑誌や料理講習会などで生活者目線のレシピやアイデアを提案している。
近著に『本田さんちのおかずが美味しい理由』（学研プラス）
『いつも家にある調味料で食べ飽きないおかず』（NHK 出版）などがある。

KATSUYO レシピ
https://recipe.sp.findfriends.jp/

アートディレクション ● 大久保裕文（Better Days）
デザイン ● 井上裕介（Better Days）
撮影 ● 鈴木正美
イラスト ● 丹下京子
スタイリング ● 中村和子
調理アシスタント ● 中島さなえ、木村涼子
校正 ● 安久都淳子

「うまい!」は時代を超える
小林カツ代の伝説のレシピ

本書は『カツ代レシピ みんながえらんだ88の味』
『カツ代のまかないレシピ』（ともに家の光協会刊）に、新規レシピを加えて再編集したものです。

2021年6月20日　第1版発行

著者　小林カツ代・本田明子
発行者　関口 聡
発行所　一般社団法人　家の光協会
〒162-8448　東京都新宿区市谷船河原町11
電話／03-3266-9029（販売）
03-3266-9028（編集）
振替／00150-1-4724
印刷・製本　図書印刷株式会社

　ISBN 978-4-259-56692-0 C0077